DU COMMERCE, DES DOUANES,

ET

DU SYSTÈME DES PROHIBITIONS;

CONSIDÉRÉ DANS SES RAPPORTS AVEC LES INTÉRÊTS RESPECTIFS DES NATIONS;

Ouvrage auquel l'Académie de Lyon a décerné une médaille dans sa séance solemnelle du 31 août 1825.

PAR M. BILLIET, FILS AINÉ (DE LYON).

AUGMENTÉ

PAR M. MARIE DU MESNIL,

DES ACADÉMIES ROYALES DE ROUEN, DE CAEN, DE LA SOCIÉTÉ DES LETTRES, SCIENCES ET ARTS DE METZ, etc.

PARIS,

A LA LIBRAIRIE DU COMMERCE,

CHEZ RENARD, LIBRAIRE, RUE SAINTE-ANNE, N° 71.

1825.

DU COMMERCE,

DES DOUANES.

PARIS.—IMPRIMERIE DE L. BOUCHARD,
Rue des Petites-Écuries, n°. 47.

DU COMMERCE, DES DOUANES,

ET

DU SYSTÈME DES PROHIBITIONS;

CONSIDÉRÉ DANS SES RAPPORTS AVEC LES INTÉRÊTS RESPECTIFS DES NATIONS;

Ouvrage auquel l'Académie de Lyon a décerné une médaille dans sa séance solennelle du 31 août 1825.

PAR M. BILLIET, FILS AINÉ (DE LYON).

AUGMENTÉ

PAR M. MARIE DU MESNIL,

DES ACADÉMIES ROYALES DE ROUEN, DE CAEN, DE LA SOCIÉTÉ DES LETTRES, SCIENCES ET ARTS DE METZ, etc.

PARIS,
A LA LIBRAIRIE DU COMMERCE,
CHEZ RENARD, LIBRAIRE, RUE SAINTE-ANNE, N° 71.

1825.

AVERTISSEMENT.

Nous divisons cet ouvrage en deux parties :

Dans la première, nous jetons un coup-d'œil rapide sur l'histoire des douanes chez les différens peuples, et particulièrement en France, notre patrie, qui doit exciter plus vivement notre intérêt et attirer plus fortement l'attention de nos lecteurs.

Dans la seconde, nous examinons le système des prohibitions dans ses rapports, 1°. avec l'agriculture, 2°. avec l'industrie ; 3° avec le commerce.

Ces trois chapitres sont divisés en sections, et celles-ci en paragraphe.

Ce plan nous a paru répondre à l'ordre, à la méthode et à la clarté qu'exige la matière.

DU COMMERCE,

DES DOUANES,

ET

DU SYSTÈME DES PROHIBITIONS.

PREMIÈRE PARTIE.

COUP-D'OEIL HISTORIQUE

SUR

LE COMMERCE ET LES DOUANES.

Dès qu'une société sortie de l'enfance a des lois, des mœurs, des intérêts qui lui sont propres, elle éprouve le besoin de les défendre contre les incursions des voisins encore barbares, avides ou jaloux, qui l'environnent.

Elle pose les bornes de son territoire et prend des mesures pour les faire respecter. De là les délimitations de frontières, et bientôt les forts, les remparts, les citadelles.

Quand cette société, poursuivant ses progrès, a fertilisé son sol, qu'elle a découvert les moyens d'employer les métaux, le bois, le lin, le chanvre ou la laine, enfin les richesses qu'il lui prodigue, elle cherche à porter au dehors les productions qui forment l'excédant de sa consommation, et à les échanger contre celles que son territoire lui refuse, ou qu'elle n'a point encore trouvé le secret de se procurer chez elle. Ainsi s'établissent les premières relations de commerce extérieur. De nouveaux besoins réels ou factices naissent de cette communication, et les rapports d'échanges, loin de s'affaiblir par le temps, prennent chaque jour, par l'usage même, un nouveau degré d'accroissement et d'activité. L'ardeur du gain et peut-être aussi le désir de se distinguer, poussent à de nouveaux efforts, enflamment les imaginations, excitent les courages. On brave tous les dangers, on abrège les distances, on passe les fleuves, on s'élance sur les mers, d'abord avec de frêles nacelles, bientôt avec des barques plus solides, et la navigation donne au commerce un nouvel essor. Il ne connaît plus d'obstacles, il vole d'une extrémité du monde à l'autre; avec lui la civilisation marche, s'étend et pénètre dans tous les lieux où ses bienfaits portent l'abondance et la prospérité.

Mais déjà la société que j'ai prise pour point de départ, celle qui a imprimé et soutenu ce mouvement de prospérité, a vu des étrangers actifs acheter chez elle, non plus les produits changés par le travail de ses ouvriers, ou le talent de ses artistes, en meubles utiles, en vases élégans, en fils délicats, en riches tissus, en somptueux vêtemens, mais les matières brutes, telles que la nature les donne, ou telles qu'une première main-d'œuvre les a préparées. Ce changement a excité son attention; elle en a conçu des craintes pour sa prospérité. D'autres étrangers, dont les champs avaient été ravagés par quelque orage, sont venus enlever dans ses marchés le fruit de ses moissons; elle-même en a éprouvé une gêne qui a provoqué les méditations de ses chefs. Plus tard, on a introduit dans son sein des marchandises qui rivalisent dans la consommation avec celles qu'elle produit : nouveau sujet d'observations et d'alarmes. Dans cette situation, elle prend le seul parti que ses lumières acquises puissent lui dicter et que ses intérêts semblent lui prescrire : elle interdit l'exportation de ses blés, défend la sortie des matières, aliment indispensable du travail et de l'art de ses ouvriers, et gêne par un prélèvement en nature ou par d'autres taxes, l'introduction des produits dont l'usage pourrait, en diminuant l'emploi des siens, priver de travail et de ressource un certain nombre de ses citoyens. Pour l'accomplissement de cette résolution, elle place autour de son territoire des sentinelles vigilantes, chargées de veiller au maintien des lois qu'elle vient d'adopter dans ses relations avec l'étranger.

C'est ainsi qu'on pourrait expliquer l'origine des douanes, s'il ne s'agissait que de construire une théorie conforme à ce qui existe de nos jours; mais l'histoire nous apprend que si les douanes furent tout à la fois chez un petit nombre de peuples, un moyen de finances et de protection plus ou moins efficace pour la prospérité intérieure, elles ne furent chez d'autres qu'une ressource fiscale, qui, destinée uniquement à grossir les trésors du prince, appauvrissait le peuple, paralysait le travail, enchaînait l'industrie et le commerce.

Quoi qu'il en soit, l'origine de cette institution touche au berceau de la civilisation des peuples.

Nous la voyons chez les Yndoux, qui furent très-anciennement un peuple commerçant; on trouve dans la première de leurs lois sacrées (qu'ils supposent avoir été révélées par Menu, il y a plusieurs millions d'années), un passage curieux relatif à l'intérêt légal de l'argent, et à son taux dans les différens cas, avec une exception *pour les événemens de mer*. Les Égyptiens furent les premiers en possession du commerce de l'Inde; après eux les Grecs et les Romains l'exploitèrent; ils tiraient de l'Indostan les pierres précieuses, les perles et la soie. Leurs importations dans l'Inde, étaient des étoffes de laines de fabrication légère, des toiles, quelques pierres et aromates inconnus dans le pays, du corail, du storax, des vases de verre, de l'argent travaillé, des vins d'Italie, de Grèce et d'Arabie, du cuivre, de l'étain, de l'or, de l'argent, etc. L'importation de ce dernier métal a toujours été considérable dans l'Indostan, parce que les habitans achetant peu et vendant beaucoup, la balance a dû rester en leur faveur. On pense qu'une grande quantité d'argent brut est annuellement enfoui par les naturels, c'est-à-dire perdu pour le pays, parce que plusieurs meurent sans révéler leur trésor. L'habitude de thésauriser, est presque universelle dans toutes les classes de l'Indostan. Pendant les siècles derniers, les étoffes de coton étaient le principal article des marchés du pays, mais la quantité exportée a considérablement diminuée depuis les perfectionnemens qu'elles ont reçus en Europe. Les objets manufacturés dans ces vastes contrées, depuis les montagnes du Nord, jusqu'au cap Comorin, sont trop divers pour être exposés ici avec détail. On peut hardiment affirmer que l'Indostan, avec son vaste et fertile territoire, ses millions d'une population sociable et industrieuse, est susceptible de fournir le monde entier, de toute espèce de produits des tropiques.

Nous trouvons encore les douanes chez les Phéniciens, dans la riche et magnifique Sidon, dans l'industrieuse et superbe Tyr, et Carthage, après elles, long-temps souveraine des mers et maîtresse du commerce des trois parts du monde, ne dédaigna pas de l'associer à sa haute prospérité. Tout annonce que chez ces deux peuples, qui n'ignoraient ni la science du gouvernement ni celle de l'administration, les douanes, tout en formant une branche de revenu public, étaient destinées par des immunités nationales, et par un prélèvement de droits sur les navires étrangers, à maintenir leur supériorité commerciale et leur puissance maritime.

Les Phéniciens apprirent aux Grecs la navigation et le commerce, et la Grèce eut aussi ses douanes. Athènes, Corinthe, Rhodes et plusieurs îles de la mer Egée, les connurent. Elles ne furent point étrangères à la Sicile, où les Phéniciens avaient fondé des colonies. Elles existaient, à la même époque, aux rivages du Bosphore Cimérien. On conjecture avec quelque fondement, que dès ces temps reculés les habitans des îles Cassithérides, ceux des côtes de la Gaule et des rives de la Baltique, avec lesquels commerçaient les Phéniciens, les Carthaginois et les Grecs, levaient des droits, et sur les choses qu'ils livraient à ces navigateurs, et sur celles qu'ils en recevaient.

Je reviens et je m'arrête un moment à Athènes, trop heureux de trouver sur mon passage, dans un sentier qui, d'abord, m'avait paru si aride, cette terre si féconde en souvenirs, qu'elle en produit même pour le sujet que j'essaie d'esquisser.

Solon avait imposé à un cinquantième les marchandises étrangères qui entraient au Pirée. Le blé qu'on tirait en abondance de Panticapée et de Théodosie, en moindre quantité de l'Egypte et de la Sicile, n'était point affranchi de ce droit; comme l'Attique en produisait peu, il en avait interdit la sortie. Celle des autres productions du sol, était également prohibée. Le bois de construction, le platane, le cyprès, le sapin, ne pouvaient sortir sans qu'on payât de gros droits. L'huile était la seule denrée, dont Solon eût permis le libre échange. On voit que les prohibitions entraient dans le système des douanes, à Athènes. L'histoire ne nous dit pas si on les attaquait en ce temps là, avec autant de chaleur qu'aujourd'hui. On assure, cependant, que ni Démosthènes, ni Hypérides, n'en faisaient point le sujet de leurs éloquentes et patriotiques harangues. Mais on trouve que les Milésiens firent entendre quelques plaintes sur les restrictions que les Athéniens avaient adoptées dans leurs rapports commerciaux avec eux, et que les citoyens de Mégare qui ne furent pas mieux favorisés, s'en plaignirent comme d'une extrême dureté par laquelle *on violait envers eux le droit des gens.*

Six compagnies composées d'officiers élus par le peuple, veillaient à l'administration des finances de la république. Chacune avait dans ses attributions une des branches du revenu public, qu'elle pouvait donner à ferme. Les produits étaient versés dans autant de caisses différentes. Chacune de ces caisses était régie par dix receveurs. Le sénat réglait avec eux l'emploi des deniers en se conformant aux décrets du peuple. Je remarque que les receveurs préposés au recouvrement des amendes prononcées contre ceux qui enfreignaient les réglemens du fisc, avaient le droit de modérer et même de remettre les condamnations. Ce droit leur avait été concedé par ce peuple éclairé qui avait compris, que, s'il était nécessaire que les juges fissent dans leurs sentences, l'application rigoureuse de la loi, il était indispensable pour éviter souvent de graves injustices, de laisser aux officiers chargés du recouvrement de l'impôt, le soin d'apprécier l'intention et le degré de culpabilité du contrevenant. Ainsi, l'origine de ce droit de transaction, ou plutôt de cette portion du droit de faire grâce, dont les administrateurs jouissent en plusieurs pays, et que, malgré des titres positifs, on a voulu plusieurs fois contester à l'administration des douanes en France, remonte à la plus haute antiquité, et se retrouve dans les institutions d'un peuple plein de lumières et jaloux à l'excès de sa liberté. C'est un fait qu'il était bon de noter ici; mais poursuivons notre récit, quittons les rives d'Athènes, et passons chez les Romains.

Rome, formée de brigands et d'aventuriers, n'eut long-temps ni commerce ni autre industrie, que le maniement du soc et du glaive. Livrée toute entière à la guerre, elle ne songeait qu'à étendre sa domination, et ne cultivait ses champs que pour nourrir ses citoyens et ses héros. Si la campagne était désolée par quelque fléau du ciel, ou ravagée par l'ennemi, le sénat députait en Sicile quelques-uns des plus illustres de son corps. Ceux-ci s'embarquaient non sans péril sur des nacelles encore informes et grossières, et allaient dans l'île voisine acheter le blé nécessaire à la nourriture du peuple roi. Les Siciliens* se chargeaient souvent du transport, quelquefois aussi les Romains l'effectuaient par eux-mêmes. Telle fut pendant plusieurs siècles, toute la navigation de ces Romains destinés à l'empire du monde. Mais après la conquête de l'Italie, Rome engagea avec Carthage une lutte plus terrible que toutes celles qu'elle avait soutenues jusqu'alors. Obligée de combattre sur un élément nouveau, son génie n'en fut point effrayé. Sa première flotte, sous la conduite de Duilius, signala son apparition sur les mers par un triomphe, et après plus d'un siècle de combats, de revers et de succès, Rome termina cette grande querelle par la destruction de sa puissante rivale. Maîtresse des mers, elle le fut bientôt du monde; et avec le sceptre de la toute-puissance, elle teint celui du commerce et des arts. Dans ce brillant état de grandeur et de richesses, nous retrouvons encore cette institution, éternel désespoir de nos économistes. On entend que je parle de douanes. La république les avait admises, l'empire ne les détruisit pas.

Les empereurs avaient un intendant du commerce, *comes commerciorum*, qui administrait les douanes. L'importation de toutes les productions étrangères, n'était pas indistinctement permise ; ce magistrat avait seul le droit de désigner celles qui pouvaient entrer dans l'empire (1). Le droit d'importation était unique et fixé à un huitième de la valeur (2), des restrictions existaient aussi à la sortie (3), mais les marchandises qui en étaient affran-

---

(1) De ce genre étaient sous Théodose-le-Grand les soies qui alors venaient du levant. *Comparandi serici facultatem, sicut jam prescriptum est, omnibus præter comitem commerciorum jubemus auferri.* Cod. lib. IV, tit. XL.

(2) *Ex præstatione vectigalium, nullius omninò nomine, quidquam miniatur quin octavas more solito, constitutas omne hominum genus, quod commerciis voluerit interesse dependat, nullà super hoc militarium personarum exceptione faciendà.* Lib. IV, tit. LXI.

(3) *Ad barbaricum transferendi vini, olei et liquaminis nullam quisqnam habeat facultatem : nec gustus quidem causa, aut usus commerciorum...., Si quis aliquod armorum genus quarumcumque natisnum*

chies, étaient exemptes de tout impôt (1). Déjà la science administrative n'était plus dans l'enfance; elle avait fait plus d'un pas en avant, quand, au commencement du cinquième siècle, l'invasion des Barbares vint en arrêter les progrès.

Lorsque ces hordes féroces, les unes accourues des antres du nord, les autres sorties des fanges méotides, eurent sous la conduite de chefs plus féroces encore, attaqué et renversé l'empire Romain, elles se partagèrent ses vastes débris; et ce qui n'était qu'une province, qu'un district, devint bientôt un royaume, un état séparé avec ses limites et ses douanes particulières. Un ami de la fiscalité pourrait s'écrier : c'est ici le beau temps des douanes, elles couvrent le monde. Je n'y vois que le

---

barbaris alienigenis contrà pietatis nostræ indictæ ubicumquæ vendiderit : bona ejus universa protinùs fisco addici ipsumquoque capitalem pœnam subire decernimus. Lib. IV, tit. LXI.

(1) *Quas vero ex Romano Solo (quæ sunt tamen lege concessæ) ad propria gentes devotæ deferunt has habeant à prætatione immunes ac liberàs. Ibid.* lib. VII

triomphe de l'ignorance et de la barbarie. On n'entend plus que le bruit des chaînes et les plaintes des peuples opprimés, tourmentés, et par la manière dont l'impôt était exigé, et par la multiplicité des taxes établies par les souverains, ou extorqués par leurs valets, tyrans subalternes pires que leurs maîtres. Le malheur public est à son comble, le commerce est anéanti, l'industrie est morte. Telle fut durant plusieurs siècles la déplorable situation de l'Europe.

Arrêtons nos regards sur la France. Des bureaux de traites ou de douanes existaient dans les Gaules, au temps de la domination romaine; d'autres y furent établis par les Goths, les Bourguignons et les Francs, sur les limites respectives de leur territoire. Les Francs, demeurés vainqueurs et maîtres du pays, ne supprimèrent pas ces bureaux; et les rois ayant adopté l'usage de partager la monarchie en autant de portions qu'ils laissaient d'enfans mâles, cette funeste coutume dut nécessairement multiplier les droits et les entraves. C'est ainsi que la France fut couverte, de proche en proche, d'innombrables barrières, où d'avides agens du fisc faisaient *payer finance* à tout venant. Par une subversion d'idées que la barbarie du temps peut seule expliquer, l'habitant du pays était plus maltraité que l'étranger. Les droits frappaient spécialement sur les marchandises qui sortaient, et à chaque barrière, il fallait en acquitter un nouveau. De telle sorte, qu'avant de parvenir à l'extrême limite, la valeur de la marchandise, accrue de la réunion de toutes ces taxes, se trouvait élevée à un taux qui n'en permettait plus le placement au dehors. Tout produit transporté d'un point du royaume à l'autre subissait le même sort, éprouvait le même sur-haussement de prix, et la consommation intérieure étant ainsi restreinte aux seuls objets d'urgente nécessité, la reproduction des richesses agricoles, industrielles et commerciales se trouvait comprimée et ne pouvait recevoir aucun développement.

L'affranchissement de ces impôts était une faveur insigne de la munificence des rois, dont l'histoire cite peu d'exemples; j'en rapporterai deux qui suffiront pour donner une idée de la protection que quelques rois de la première et de la seconde race accordaient au commerce. Le grand roi Dagobert, qui se piquait de générosité autant que de magnificence, ne se borna pas à décorer de lames d'argent l'église de Saint-Denis, il voulut pourvoir à son luminaire; pour l'accomplissement de cette bonne œuvre, il fonda une rente annuelle de cent sous d'or, assignée sur le produit de la douane de Marseille, où cette somme devait être employée à l'achat des meilleures huiles de Provence. Ces huiles devaient, par l'effet de l'immunité royale, sortir de Marseille, traverser Valence, Lyon et les autres villes, et parvenir à leur pieuse destination, sans acquitter les droits qu'on percevait à ces barrières (1). Plus tard, un autre roi non moins généreux, Charles-le-Chauve, dans la vue de repeupler l'abbaye de Saint-Maur-lès-Fossés, ordonna que tout ce qui serait destiné aux religieux de cette sainte maison, serait franc des droits de douane. Malgré ce bienfait, plusieurs abbés des provinces de la monarchie, invités à conduire des religieux à Saint-Maur, s'y refusèrent, n'osant, disaient-ils, se hasar-

(1) Ces droits étaient perçus au nom du roi, par des officiers appelés *actores regii*, et qui étaient préposés dans les différentes douanes.

der à travers un pays inconnu ; tant le régime alors en vigueur facilitait les communications!

Sous les faibles successeurs de Charlemagne, les feudataires, les vassaux de la couronne, se rendirent indépendans, et la fiscalité fut plus en honneur que jamais. Les seigneurs, non contens de s'emparer des droits établis par les rois, en créèrent de nouveaux ; les provinces de la monarchie devinrent entièrement étrangères l'une à l'autre, et presque ennemies, puisque ce qui était permis dans l'une était prohibé dans l'autre. Toutes les communications, tous les rapports furent bientôt interdits, et la misère publique fut à son comble.

Sous la troisième race, quelques rois, parmi lesquels Saint-Louis se fait remarquer, furent touchés du malheur de leurs sujets ; ils rendirent des ordonnances destinées à ranimer le commerce ; mais les officiers, chargés de les exécuter, en contrariaient l'effet par leur honteuse cupidité. Une permission de faire telle opération de négoce, était pour eux l'occasion de *presser le vilain* et de s'enrichir de ses dépouilles. Des rois eux-mêmes, et l'on peut citer Philippe-le-Bel, et son fils Philippe-le-Long, ne dédaignèrent pas ce vil expédient.

Ils prohibèrent tout commerce avec l'étranger, et, pour l'accomplissement de leurs desseins secrets, ils attribuèrent *au Maître des ports et passages de France*, le droit d'accorder des permissions *moyennant finance*. On voit que l'origine des licences n'est pas d'invention moderne, il faut rendre à chacun ce qui lui appartient (1).

Quelques lueurs d'un bonheur particulier et relatif percent cependant à travers ces épaisses ténèbres. Les foires de Champagne prospérèrent du douzième au quatorzième siècle; mais la France ne les approvisionnaient guère

---

(1) Louis Hutin, successeur de Philippe-le-Bel, leva en 1315 la prohibition que Philippe-le-Long s'empressa de rétablir.

Cette prohibition maintenue par Charles-le-Bel en 1324, reçut depuis quelques légères modifications sous la réserve d'un droit dénommé *droit de rêve*.

Postérieurement, un grand nombre de règlemens concernant les restrictions de sortie, multiplièrent les entraves onéreuses au commerce.

En 1360, le roi Jean créa un autre droit de sortie établi sous la dénomination *d'imposition foraine*.

Henri II, pour simplifier cette diversité de droits, leur substitua un droit unique et uniforme, connu sous la dénomination de *domaine forain*; mais sur les représen-

que des productions de l'agriculture; l'étranger les encombrait des produits de son industrie.

Déjà Venise, Gênes, étaient en possession d'un grand commerce. La Belgique, où les Italiens avaient établis des comptoirs, et porté le goût des arts, possédait des manufactures. L'Angleterre, sous Élisabeth, commençait à devenir commerçante et industrieuse. La France restait seule en arrière, elle fut long-temps dans cet état de langueur et de pauvreté. Elle eut cependant, et presque successivement de grands minis-

tations de quelques provinces; il rétablit le régime des anciens droits par l'édit de 1556 sur d'autres bases.

Henri III, par un édit de 1577, manisfesta ses prétentions sur les droits de traite et transport des marchandises, il ajouta un droit de sortie qu'il établit sous la dénomination de *traite domaniale*.

Enfin sous le règne de Louis XIII on remarque que, dans les combinaisons du fisc, ce qu'on appelait l'étendue des *cinq grosses fermes* formait l'espace circonscrite par l'établissement des bureaux de traite dans la Normandie, la Picardie, la Champagne, la Bourgogne, le Poitou, le Berry, le Bourbonnais et l'Anjou; qu'ainsi, tandis que le régime prohibitif dominait le nord de la France, les provinces au-delà de la Loire reputées étrangères jouissaient d'une liberté absolue.

tres; mais que pouvaient-ils pour sa prospérité, au milieu des invasions étrangères, des guerres intestines, des discordes civiles et religieuses? L'Hospital, surintendant réprima les brigandages des gens de finance, arrêta les profusions qu'un roi trop facile versait sur ses favoris; chancelier dans un temps de corruption, de vengeance, de trahison, d'assassinats, il prêcha la concorde, la paix, et par ses grands exemples, osa enseigner la vertu.

Sully trouva le trésor épuisé, les campagnes dévastées, toutes les affaires de l'État dans le plus affreux désordre. Triste héritage échappé aux fureurs de la ligue. Il sut par de constans efforts, ramener l'ordre dans les diverses branches de l'administration, rétablir les finances tout en diminuant les taxes, améliorer l'agriculture, source première de toute richesse. Il conçut le projet d'un établissement où seraient recueillis tous les résultats généraux constatés par chaque partie du gouvernement, grande et utile école d'expérience, où l'intérêt général eût fait taire par l'autorité des faits, la voix de l'intérêt personnel. La mort du meilleur des rois vint arrêter l'exécution de cette sage et haute conception.

Richelieu jeta quelques regards sur la marine, moins encore pour garantir nos côtes des insultes des corsaires barbaresques, que pour réduire à l'obéissance les protestans révoltés dans La Rochelle. Brest, qui jusque là n'avait servi de retraite qu'à quelques misérables barques de pêcheurs, vit dans sa rade vingt-trois bâtimens de guerre. Mais une pensée dominante occupait son génie. Frappé de l'état de faiblesse où les envahissemens des grands vassaux avaient réduit l'autorité royale, il s'occupa de la reconstruire; intrépide niveleur, il abaissa, il écrasa les supériorités politiques que la féodalité avait élevées jusqu'à la hauteur du trône; et délivrée de cette oppression, la France enfin n'eut plus qu'un maître; heureuse, s'il ne l'eût pas en même temps accablée d'une multitude d'impôts!

Mazarin qui avait en finesse et en subtilité ce que Richelieu avait en génie et en vigueur, se consuma dans sa lutte avec les princes qui le craignaient, avec les parlemens qui se vengèrent de son mépris par des arrêts de bannissement. Il parvînt cependant à triompher par son adresse et des grands et du peuple, et malgré les orages déchaînés contre sa fortune, il ne laissa enfin échapper le timon de l'État, que lorsque ses mains défaillantes furent glacées par le souffle de la mort.

Dans ces positions diverses, il n'est pas surprenant que ces grands ministres n'aient pas opéré le bien que la situation du commerce réclamait.

Les fermiers de ces temps là n'étaient pas gens à provoquer des améliorations ; multiplicité de droits, d'entraves pour le commerce, était pour eux multiplicité d'emplois à donner, abondance de moyens de placer parens, amis, valets, de doter filles, nièces, maîtresses, car les fermiers aussi se piquaient de galanterie.

Enfin, naquit à Reims, d'une famille alors occupé au négoce, un homme qui devait être dans sa patrie le restaurateur, ou plutôt le fondateur de la marine, de l'industrie et du commerce. Il fut d'abord destiné à passer une vie inconnue, pâlissant sur des livres de banque ; mais une main puissante le tira de cette obscurité, le plaçât sur un théâtre digne de son génie et Colbert fut donné à la France. Les prodigualités du surintendant Fouquet qui employait l'or de l'État à la séduction des femmes de la cour et de la ville, les dilapidations de cette multitude d'individus appelés par leurs contemporains, *traitans*, *gens de finances*, *sangsues du peuple*, avaient épuisé la fortune publique. Colbert, tout en faisant remise de trois millions de tailles, rouvrit les sources de la prospérité; il en découvrit, qui, jusqu'alors étaient restées inconnues. Prompt à concevoir, ferme et rapide dans l'exécution, il mesura d'un même coup-d'œil, toute la profondeur du mal et toute l'étendue des moyens qu'un pays tel que la France, offrait à son patriotisme; il se mit à l'œuvre et changea en peu de temps la face des choses. Instruit par les leçons de l'histoire, et sûr que la France serait bientôt en possession d'une marine militaire, dès que son commerce aurait sur les mers des bâtimens et des navigateurs; il excita par des encouragemens utiles, les constructions nautiques et la navigation périlleuse des mers du Nord (1),

(1) Il accorda par tonneau de contenance, 4 livres, pour les bâtimens construits dans les ports étrangers, mais dont la propriété exclusive appartiendrait à un Français; 5 livres pour ceux de cent à deux cents tonneaux construits en France, et 6 livres pour les navires.

fonda trois compagnies pour exploiter le commerce des deux Indes et de l'Afrique, fit communiquer par un grand canal, l'Océan avec la Méditerranée; ouvrit les arsenaux de Rochefort, de Brest et de Toulon, et dès 1669, fit sortir de nos ports 60 vaisseaux de guerre avec 20 brûlôts, appareil nouveau qui jeta l'étonnement et la crainte au cœur de l'insulaire et du Batave. Les flottes créées par le génie de ce grand homme, battirent celles de l'ennemi et promenèrent triomphant sur toutes les mers, le pavillon français. Tandis qu'elles poursuivaient leurs victoires, Colbert poursuivait le cours de ses bienfaits. Trois illustres académies (1) lui durent leur institution. Sous ses yeux s'élevèrent la colonnade du Louvre, l'Observatoire de Paris, et d'autres monumens: tous les arts furent l'objet de la constante pro-

---

d'un plus grand port, également construits en France. Une prime de 2 livres par tonneau fut donnée pour tout bâtiment français monté par un équipage français, qui partirait à destination de la Baltique, et reviendrait chargé de bois, de goudron et de matières propres à la construction.

(1) L'académie des inscriptions qui avait pris naissance dans sa maison, fut établie en 1663, celle des sciences en 1666, et celle d'architecture en 1667.

tection de ce nouveau Mécène ; il encouragea par des récompenses, l'établissement de nouvelles manufactures de cuir, de fayence, de glaces, de fer-blanc, d'acier, de soieries, de draps fins, et l'on peut dire que tandis qu'un grand roi, environné d'un cortége de grands hommes, illustrait la France par tous les genres de gloire, Colbert l'enrichissait de tous les genres d'industrie. Le besoin de payer à ce grand homme le tribut d'admiration que tout français lui doit, m'a entraîné hors de mon sujet; je me hâte d'y rentrer. Dès 1664, Colbert frappé des vices du tarif qui existait alors, s'empressa de le corriger, il réduisit le droit d'entrée sur les matières propres à servir d'aliment au travail de nos manufactures naissantes, diminua ceux qui gênaient la sortie de leur produits et greva par la déclaration de 1667, de taxes sagement combinées, l'importation des fruits de l'industrie étrangère. Il accorda la faculté d'entreposer dans certaines villes les marchandises étrangères, et pour vivifier les provinces intérieures, il permit que ces marchandises fussent transportées dans les pays voisins à travers le royaume. En exécutant ces améliorations, il sentit que, pour qu'elles produisissent tous les avantages qu'il en attendait, il fallait que les nouvelles mesures fussent exécutées dans tout le royaume; que les barrières qui interceptaient les communications entre les habitans d'un même pays, fussent abattues et reportées à la circonférence. Il conseilla donc ce grand et utile changement; mais les provinces tenaient à ce qu'elles appelaient leurs priviléges, et des princes, des seigneurs et d'autres individus, ne voulaient pas sacrifier des droits qui leur avaient été concédés par les rois en pur don. Des réclamations s'élevèrent, et Louis XIV, qui plus tard ne craignit pas de déchirer l'édit de Nantes (1), recula en cette occasion pour la seule fois dans sa glorieuse vie, devant quelques intérêts subalternes. Les douanes intérieures subsistèrent, plusieurs provinces admirent le tarif de Colbert, d'autres y restèrent étrangères (2) : dis-

(1) Tout fait présumer que si Colbert avait vécu alors, on ne serait jamais parvenu à arracher à Louis XIV un acte si funeste à la prospérité du royaume.

(2) Avant la loi du 5 novembre 1790, la France offrait relativement aux douanes, trois divisions distinctes : la Normandie, la Picardie, le Boulonnais, la

parité qui donna naissance à des dénominations bizarres usitées dans la langue fiscale, mais qui, devenues sans intérêt, ne doivent pas se trouver ici.

Colbert avait à peine fermé les yeux, que la France se ressentit du mauvais état des finances épuisées par de longues guerres. Il

---

Champagne, la Bourgogne, la Bresse, le Bugey, la Dombe, le Beaujolais, le Berry, le Poitou, l'Aunis, l'Anjou, le Maine et le Bourbonnais, formaient ce qu'on appelait *Provinces des Cinq grosses Fermes*. Le tarif de 1664 y faisait loi.

La seconde division se composait du Lyonnais et du Forez, du Dauphiné, de la Provence, à l'exception de Marseille et de son territoire, du Languedoc et du Comté de Foix, du Roussillon, de la Guyenne, de la Gascogne, de la Saintonge, des Iles de Rhé et d'Oléron, de la Flandre, du Hénault, de l'Artois et du Cambrésis, de la Bretagne et de la Franche-Comté. Ces provinces qui n'admirent point le tarif de Colbert, restèrent, à l'égard des douanes, dans l'état où elles étaient auparavant, ce qui les fit appeler *Provinces réputées étrangères*.

Enfin, on désignait par *étranger effectif*, les Trois Evêchés, la Lorraine et l'Alsace, parce qu'au moment de leur réunion à la Couronne, il fut stipulé que la communication avec l'étranger y demeurerait libre.

fallut trouver de nouvelles ressources et épargner aux peuples la création de nouveaux impôts. La disette, de 1684, vint accroître la détresse du trésor, en augmentant la masse des dépenses. Dans ces circonstances difficiles, il fallait un homme qui eût le talent et la fermeté nécessaires pour occuper le ministère des finances. Letellier, homme adroit, détermina Louis XIV à faire choix de Lepelletier qui, pour plaire au chancelier et à Louvois, ses parens, s'érigea en censeur de l'administration de Colbert. Il débuta par augmenter les tailles de trois millions, pour l'année 1684. Il ravit à la France les avantages du transit; restreignit la faculté de l'entrepôt aux seuls ports francs de Dunkerque, Bayonne et Marseille; prohiba la sortie du numéraire, des ouvrages d'or et d'argent, et des pierres précieuses: mesure dont il n'est pas nécessaire de faire remarquer l'aveuglement. Il aggrava les peines prononcées contre la fraude, en ne gardant nulle proportion entre la faute et le châtiment, sévérité dangereuse, qui, loin d'atteindre le but proposé, compromet la loi elle-même, en assurant l'impunité; le juge préférant soustraire à la justice le coupable, plutôt que de lui infliger une peine trop rigoureuse. On a souvent méconnu cette vérité dans les réglemens du fisc, et l'on commence à peine de nos jours, à entrer dans la voie des principes qui constituent la véritable législation pénale : principes qui commandent une juste proportion entre la peine et le délit.

En 1688, Le Pelletier défendit l'entrée des tissus de laine et des toiles de la Hollande et celle de ses harengs, à moins qu'ils ne fussent salés avec du sel de France. Les Hollandais, par représailles, prohibèrent l'entrée de nos vins et de nos eaux-de-vie, ce qui porta un préjudice notable aux vignobles du midi (1);

(1) Cependant, nous ne devons pas omettre que Lepelletier accorda quelques marques d'encouragement à l'agriculture, et retira des avantages si marqués de la liberté du commerce des grains, qu'il songea à lui faciliter les communications. Il déchargea ceux qui descendaient par le Rhône et la Saône, de la moitié des droits et des péages; et comme l'observe fort judicieusement Forbonnais, ne valait-il pas mieux en effet, que la Provence fut nourrie par les Français que par les Barbaresques? échanger avec les piastres d'Espagne, les blés des provinces qui communiquent à la Saône et au Rhône, que d'y entretenir le pain à vil prix.

triste résultat de l'oubli et de la dérogation aux principes posés par Colbert, dans son tarif de 1667.

Les circonstances devenaient plus graves, le fardeau du ministère s'appesantissait à tel point, que Lepelletier jugea prudent de s'en débarrasser. Pontchartrain l'accepta ; il n'avait pas la force nécessaire pour le soutenir : doué d'une imagination vive, d'un esprit brillant, mais peu réfléchi, il se jetta dans les mesures hasardées et dans des créations d'offices illusoires, qu'il vendait à prix d'argent et dont l'institution devenait onéreuse au peuple. La France fut chargée de nouvelles impositions : chaque année, des dépenses extraordinaires forcèrent d'ajouter aux charges qui pesaient déjà sur elle. Enfin, Pontchartrain ouvrit un abîme où le crédit public devait plus tard s'engloutir. Il eut pour successeur Chamillard, qu'un talent futile avait mis dans les bonnes grâces du Roi, mais qui manquait du génie nécessaire pour administrer les finances de l'État. Cependant la faveur de madame de Maintenon, le maintint dans un poste dont il se reconnaissait lui-même incapable, et y fit même ajouter le ministère de la guerre :

double fardeau sous lequel le courtisan succomba.

Desmarets, neveu de Colbert, convaincu d'improbité, forcé de se reconnaître coupable, chassé de ses emplois, flétri dans l'opinion, fut appelé en ce moment de détresse à la régie de la fortune publique. Doué d'un jugement solide, d'une application infatigable, d'une fécondité d'expédiens que Colbert n'avait pas, il sût par des moyens hasardés il est vrai, mais que les difficultés du temps justifiaient en quelque sorte, tirer l'État de la crise affligeante où il se trouvait. Il assura le service de l'armée avec laquelle Villars sauva la France à Denain.

A la mort de Louis XIV, les dépenses de l'année excédaient les revenus de soixante-dix-huit millions. L'état devait en outre plus de sept cents millions. Les finances furent d'abord administrées par un conseil. On agita pour moyen de se libérer un projet de banqueroute qui cependant fut rejetté. On revisa les titres de créance; on diminua la dette exigible; on fit regorger les traitans et l'on réduisit les rentes de l'état au denier 25. Ces mesures rigoureuses ne mirent point l'état à même d'acquitter ses engagemens : les débordemens d'un luxe effréné augmentèrent la gêne.

Le régent méconnaissant les avis du sage D'Aguesseau, accueillit les projets d'un échappé d'Écosse, nommé Jean Law, qui promit d'augmenter le revenu, de diminuer les impôts et d'acquitter la dette publique, par la création d'une banque d'escompte, qui émit des billets solidement hypothéqués sur les brouillards du Sénégal, du Gange et du Mississipi. Quelques bénéfices factices attirèrent des actionnaires, et comme on s'en promettait de plus considérables, la manie du système attaqua toutes les têtes. On calculait à la cour, on calcula à la ville, dans les salons et jusques dans les boudoirs. C'était une espèce de frénésie, et sur l'éventualité des trésors que Law devait faire venir des pays lointains, on se jeta dans des dépenses excessives : la banque cessa tout-à-coup ses payemens; son crédit s'écroula sous la masse de ses papiers, et une foule de familles passèrent des jouissances d'une fausse opulence, aux tourmens des misères réelles. Jean Law s'en alla comme il était venu, léger d'argent, mais chargé des malédictions de toute la France.

Les finances passèrent successivement dans les mains de trois ministres, MM. Pelletier, de la Housaye, d'Odan et Le Pelletier-des-Forts, gens de routine qui laissèrent la fortune publique dans l'état de stagnation.

Orry administra quinze ans les finances, de 1730 à 1745; il avait de la capacité, de l'amour du bien public, mais peu d'élévation dans les idées et peu d'étendue dans les vues. Il ne fit rien de fort utile, il ne fit rien non plus de nuisible.

Le projet que Colbert avait conçu, de renverser les barrières qui séparaient les provinces de la monarchie, fut repris sous son ministère de 1737 à 1740. L'intendant Fagon tint chez lui plusieurs assemblées où l'on discuta les moyens d'opérer cette grande amélioration, mais les conférences ne produisirent aucun résultat.

De Machaut, intendant général de Valenciennes, fut nommé contrôleur des finances, par le crédit du ministre de la guerre, comte d'Argenson. Doué d'un discernement juste, d'un cœur droit et même sensible, d'un caractère ferme, capable de conceptions grandes et fortes, il suppléa bientôt, par ses qualités et ses bonnes intentions, à l'instruction qui lui manquait. Il s'entoura d'hommes instruits, éclairés dans la matière, s'enrichit de leurs idées, et sut discerner celles qu'il convenait d'adopter. Il traita avec quelque supériorité les deux plus grands mobiles des finances, l'impôt et le crédit. Il établit l'impôt territorial comme base du revenu de l'État, supprima le *dixième*, impôt de guerre, le remplaça par un vingtième portant sur tout genre de revenu, excepté les rentes de l'État. Il destina ce vingtième à fonder une caisse d'amortissement qui devait, par un remboursement continuel, arriver à l'extinction de la dette nationale.

Louis XV, qui avait des idées justes quand il se donnait la peine de réfléchir, sentit tous les avantages qu'on pouvait recueillir de ce plan de finances, l'adopta et en ordonna l'exécution. Mais des réclamations s'élevèrent; le clergé et les pays d'état voulurent s'affranchir de l'impôt territorial : cependant il fut établi. On sût effrayer la conscience du monarque, en lui montrant, dans un impôt levé sur des biens ecclésiastiques, la violation d'une propriété sacrée, et le clergé parvint à obtenir l'affranchissement du vingtième. Les pays d'état s'en prévalurent, et obtinrent des abonnemens qui dénaturèrent l'impôt.

Ainsi s'évanouirent les justes espérances que le système de Machaut avait fait concevoir aux amis de leur pays. Machaut, voyant son plan de finance renversé, quitta le contrôle général pour passer au département de la marine, où il obtint l'estime et l'affection de tous.

M. de Sechelles lui succéda. Celui-ci fut remplacé par de Moras, qui, lui-même, le fut bientôt par M. de Boulogne. Aucun de ces trois ministres ne s'étant signalé par des mesures nouvelles, notre attention doit se porter sur M. de Silhouette, leur successeur, que le crédit du maréchal de Bel-Ile, ministre de la guerre, fit nommer, en 1759, au contrôle général.

M. de Silouette avait une imagination brillante, mais peu de solidité dans les vues. Il commença par casser le bail des fermes, le convertit en une régie; mode sans doute préférable, mais dont il ne sût pas garantir le succès par des mesures convenables. Cependant, au moyen des actions qu'il créa, il se procura de l'argent. Le public, frappé de ce résultat, cria au prodige, et Silouette devint une espèce d'idole. Mais au moment où il devenait plus digne de leur culte, par des mesures plus sages et des dispositions pleines de moralité et d'équité, ces inconstans adorateurs l'abandonnèrent. Admiré pour des mesures inconsidérées, il fut haï après avoir découvert de nouvelles sources de revenu. Il tomba, et mourut accablé sous le poids de sa disgrâce.

Bertin, Laverdy et Dinvau furent successivement contrôleurs généraux; enfin, les finances passèrent à l'abbé Terray, créature du chancelier.

Bas dans ses sentimens, vil dans ses inclinations, dépravé dans ses mœurs, cynique dans sa conduite, infâme dans ses habitudes, la laideur de son âme se peignait dans la laideur de sa figure; c'était le vice revêtu de l'autorité. Comment, sous un tel ministre, l'État pouvait-il espérer quelque prospérité! Aussi, la banqueroute fut l'expédient que cet infâme ministre osa concevoir, et qu'il eût l'audace d'exécuter. Sa mémoire est restée en exécration, et son nom est marqué d'une éternelle flétrissure.

Bien différent de son prédécesseur, Turgot recueillit en naissant l'assemblage des vertus de ses ancêtres, illustrés dès long-temps dans la magistrature.

Les idées les plus vastes, les conceptions les plus hardies formaient le caractère de son esprit; mais malheureusement il voyait tout en abstraction. Il voulut que, pour la subsistance de la nation, le gouvernement s'en rapportât à la nation elle-même, et se reposât de l'importation des grains sur l'avantage que les commerçans y trouveraient. Il consacra ce généreux système par l'arrêt du conseil de 1776, et cependant les subsistances furent compromises, des révoltes éclatèrent en même-temps et sur presque tous les points de la France, et troublèrent les premiers momens du règne de Louis XVI.

Les arts et métiers étaient asservis à des réglemens qui enchaînaient la marche de l'industrie. Dans un temps de calme, sous une monarchie, il eût été prudent de changer ce régime progressivement et sans sécousse; mais Turgot, cédant à son esprit de système et à son amour du bien, poussé jusqu'à l'excès, fit rendre une ordonnance qui prononça l'abolition absolue de tous les règlemens des diverses corporations.

Une liberté illimitée succédant tout à coup à une espèce d'esclavage qui pesait sur les arts, l'intérêt personnel et la cupidité en abusèrent ; les loix de police furent méconnues, quelques fabrications attérées ; l'esprit d'insubordination, j'ai presque dit de révolte, s'introduisit au milieu des ateliers et au sein des manufactures. Ces désordres momentanés excitèrent des mécontentemens contre la mesure du ministre et la firent rapporter. Mais, lorsque plus tard les corporations, maîtrises et jurandes furent définitivement abolies, les avantages de la liberté se firent bientôt sentir, et l'industrie prit un développement qui depuis a toujours été croissant.

La bonne foi et la philosophie s'étaient assises avec Turgot au fauteuil ministériel, il eut une grande part à toutes les améliorations que l'âme généreuse de Louis XVI aimait à concevoir et à exécuter.

Turgot ne peut être critiqué que sous le rapport de son système d'économie politique, auquel il s'attachait d'une manière trop absolue. Nous démontrerons, dans notre chapitre du commerce, tous les dangers de sa maxime favorite : *Laissez faire, laissez passer.*

Turgot disgracié, de Clugny, intendant de Bordeaux, fut appelé au contrôle général, où il ne laissa d'autre trace de ses opérations qu'un souvenir désastreux.

Necker, banquier de Genève, qui avait acquis quelque célébrité par son *Éloge de Colbert*, et par son *Essai sur la législation et le commerce des grains*, fut chargé, malgré son origine étrangère, d'administrer les finances du royaume; il mania avec habileté le système des emprunts, obtint des fonds à un intérêt assez modique, éleva le crédit public et le taux des fonds nationaux, tandis que celui des fonds d'Angleterre subissait une baisse notable; introduisit des améliorations dans l'administration des impôts et dans la comptabilité; enfin, il soutint la guerre sans accroître les charges publiques; mais, attaqué dans ses projets de réforme, il se démit de ses fonctions en 1781.

Joly de Fleury et D'Ormesson, qui lui succédèrent, n'apparurent au timon des affaires que pour laisser le souvenir d'une faible capacité et d'une haute vertu.

D'Ormesson fit preuve d'un désintéressement qui honore à jamais sa mémoire.

De Calonne signala son ministère de cinq années, par des inconséquences, des fautes sans nombre, des actes de violence, des projets insensés, des profusions scandaleuses; et, loin de remédier à la crise des finances, il creusa plus profondément encore, et mit à découvert l'abîme où la monarchie ne tarda pas à s'engloutir.

Le fameux traité de commerce conclu en 1786, sous MM. de Vergennes et de Calonne, dans l'espoir de favoriser notre agriculture, permit, moyennant quelques droits faciles à éluder, l'importation des produits des manufactures anglaise, faute qui occasionna la ruine de plusieurs branches de notre industrie.

L'assemblée constituante abolit (1) les droits

---

(1) Loi 5 novembre 1790.

« Art. 3. A compter du même jour 1er. décembre prochain, les tarifs particuliers de 1664, 1667, 1671 de douanes de Lyon, de douanes de Valence, de quatre pour cent sur les drogueries et épiceries, de foraine, balle de mer, de deux pour cent d'Arles, du denier Saint-André, et liard du Baron, ceux de la patente du Languedoc, foraine et traite d'Arzac de la gabelle et foraine du Béarn; ceux de la comptablie du droit de convoi, de la traite de Charente, de la prévôté de la Rochelle, de courtage à Bordeaux, de la prévôté de Nantes, de Brieux, et ports et hâvres en Bretagne; d'issue forraine; traverse et haut conduit, transit et tonlieu dans la Lorraine, le Barrois, et les évêchés; le droit de passage sur les vins de traites et autres perçus aux barrières, qui séparaient les différentes provinces de la monarchie française; décréta un tarif unique et uniforme sur les objets d'importation et d'exportation, dont les droits devaient être perçus

---

de Lorraine, entrant dans le pays Messin, le tarif des péages d'Alsace, qui tiennent lieu des droits de traites dans cette province; les péages du Rhône, celui du Paty, celui de Péronne, et généralement tous les péages royaux; ceux pour les droits d'abord et de consommation, et tous autres tarifs servant à la perception des droits servant sur les relations de diverses parties du royaume, entre elles et avec l'étranger, cesseront d'avoir leur exécution, et demeureront annulées ainsi que les droits de courtage et mesurage à la Rochelle; de premier tonneau de frêt, de branche de cyprès, de quillage, de tiers retranché, de parisis, de contenue de ci-devant seigneurs, de traites domaniales à la sortie, et ceux d'acquit et d'attribution attachés aux offices des maîtrises des ports et autres juridictions.

Ces tarifs et droits seront remplacés par un tarif unique et uniforme qui sera incessamment décrété, et dont les droits seront perceptibles à compter dudit jour 1er décembre prochain, à toutes les entrées et sorties du royaume, sauf les exceptions, entrepôt et transit reconnues nécessaires, et qui seront incessamment jugés sur les rapports qui en seront faits à l'assemblée nationale.

aux limites du territoire; greva de taxes élevées les articles étrangers dont la concurrence pouvait nuire à l'industrie nationale; ordonna un petit nombre de prohibitions à l'entrée et à la sortie; appliqua le principe d'exemption de tout droits d'entrée aux matières premières destinées à alimenter les arts industriels, principe qui a subi dans ces derniers temps, relativement aux laines, une exception dont nous parlerons en son lieu.

Cette assemblée supprima la ferme et la régie générale (1); organisa, sous les ordres du pouvoir exécutif, la régie des douanes, administrée par huit régisseurs, composée aux frontières, de 714 bureaux et de 1775 brigades, surveillés par des inspecteurs, et correspondant à vingt directions (2). La loi d'institution détermina les fonctions de chaque emploi. Une loi du 10 juillet 1791 régla le commerce des îles et colonies françaises; celui du Levant et de la Barbarie fut l'objet de la loi du 29 juillet même année; enfin, la loi du 22 août suivant

---

(1) Loi du 27 mars 1791.

(2) Loi du 1er. mai *idem*.

posa les règles destinées à assurer l'exécution du nouveau tarif adopté dans les relations de la France avec l'étranger. Cette loi, divisée en 13 titres, subdivisée en 168 articles, forme encore aujourd'hui la base du code des douanes.

Une loi du 18 vendémiaire an 2, confirmée ensuite par celle du 10 brumaire an v, prohiba toutes les productions de l'industrie anglaise : quincaillerie de cuivre, acier fin, verrerie; poterie, horlogerie, tabletterie, ébénisterie; coton, draps et velours de coton; toiles de coton de tout genre blanches et peintes, rien ne fut excepté.

Il n'est pas difficile de voir ce qu'on pourrait objecter contre un pareil système; mais, dans la réalité c'est de cette époque, que datent nos principaux établissemens de filatures et de tissus de coton; ainsi que la plupart des perfectionnemens de nos diverses fabriques.

Au milieu des désordres de notre révolution, dit un observateur judicieux : « C'est un spectacle digne de fixer l'attention, que de voir les progrès des arts et de l'industrie manufacturière; partout s'élèvent des fabriques où se forgent des damas aussi beaux et aussi fins que ceux de la Syrie; des armes à feu de tout genre égalant par leur solidité, surpassant par leur élégance, tout ce que l'Europe produit de plus achevé; et exécutées avec une rapidité dont, jusqu'à nos jours, on n'aurait pu concevoir l'idée; des limes qui polissent les limes anglaises les plus dures ; des instrumens de mathématiques aussi purement terminés et moins chers que ceux dont se vantaient les ouvriers de Londres; des ornemens en bronze, qui, par la noblesse des formes et la délicatesse de l'exécution, rappellent les savans ateliers de sculpture où s'instruisaient les modeleurs ; des cristaux qui ne laissent plus regretter le *flint glass;* des velours qui, par l'adroite combinaison de leurs fils, reproduisent et le coloris et l'expression même des tableaux les plus achevés. La tannerie profitant des découvertes de la chimie; le stéréotypage inventé; l'art des émaux perfectionné dans toutes ses branches; la peinture sur verre rétablie, plus vraie et plus savante encore dans son coloris qu'au temps de François Ier. et de Henri II. »

Une des plus belles institutions que le génie de l'administration ait jamais conçue, contribua puissamment à éclairer et à aiguillonner notre industrie; je veux parler du musée des arts mécaniques, vaste établissement où tous les modèles utiles ont été conservés, toutes les inventions propres à diriger les ouvriers placés sous leurs yeux, et livrés à leurs études.

Le décret du 13 fructidor an IX, celui du 22 février 1806, et la loi du 30 avril de la même année, renouvelèrent les prohibitions.

Le célèbre décret du 21 novembre 1806, appelé le décret de Berlin, en déclarant les îles Britanniques en état de blocus, ajouta, il faut bien le dire, de nouvelles richesses à celles que l'exclusion des produits étrangers avait créées.

Les décrets du 23 novembre et 17 décembre 1807, appelés les décrets de Milan, consolidèrent encore ce système de prohibition absolue.

Quelque gigantesque que fût l'idée du blocus des îles Britanniques; quelque impossible que fussent les mesures nécessaires pour la mettre complètement à exécution, cette entreprise audacieuse, en paraissant donner à nos manufactures de nouvelles garanties, redoubla leur activité. Des capitaux immenses furent engagés dans les entreprises industrielles, le nombre des métiers s'augmenta considérablement. Le goût toujours croissant de ces toiles légères et moelleuses qui conviennent à une élégante simplicité, comme à la parure la plus recherchée, contribuait aux progrès de la fabrication: Le perfectionnement des tissus marchait d'un pas aussi rapide que celui de la filature. Les édifices et les machines s'étaient multipliés à tel point qu'on évaluait le capital à plus de deux cent millions. Nos manufactures entretenaient deux cent cinquante mille ouvriers, et livraient à la consommation d'une seule année, pour cent soixante-dix millions environ de calicots, de perkales, et d'autres objets de ce genre.

Cette prospérité fut tout à coup détruite par un acte de tyrannie. Nous voulons parler du décret du 5 août 1810, qui imposa à 800 fr. par quintal métrique les droits d'entrée du coton d'Amérique, et à 900 fr. les indigos.

En 1814, après la chute de l'Empire, les douanes rentrèrent sous l'influence des anciens réglemens, que les décrets de Berlin et de Milan avaient pour ainsi dire annulés. La loi du 17 décembre 1814, conservatrice des intérêts créés depuis vingt ans, par le rapide développement de l'industrie nationale, confirma les prohibitions prononcées par celle du 10 brumaire an v. Elle ne les dirigea point comme celle-ci contre la concurrence d'un seul peuple, elle repoussa, sans distinction d'origine, les productions de l'industrie étrangère, prononça contre leur introduction des peines, en certains cas, plus sévères que celles édictées par les lois du 22 aout 1791 et 4 germinal an 2.

La loi du 28 avril 1816 vint apporter de nouveaux changemens à cette législation, et donner aux fabriques françaises de nouvelles garanties plus efficaces que les précédentes, en prescrivant la recherche de la fraude dans toute l'étendue de la France. (1)

Instruits par l'expérience des faits que nous venons d'esquisser, peut-être pourrons-nous marcher plus sûrement à la solution de la question proposée par l'Académie, et que nous allons reproduire.

---

(1) Ces mesures de répression avaient été sollicitées par les manufacturiers du royaume; elles nous paraissent actuellement susceptibles de modifications.

SECONDE PARTIE.

Le système des prohibitions dans le régime des douanes, est-il plus nuisible qu'utile aux intérêts respectifs des nations ?

Nous allons envisager la question sous les trois objets importans qu'elle embrasse :

L'agriculture, les *manufactures* et le *commerce ;* et comme il ne s'agit plus de se renfermer dans les limites d'un concours académique, nous examinerons spécialement chaque branche de culture et d'industrie, et nous en retracerons sommairement l'origine, les progrès, l'état actuel et la législation.

CHAPITRE PREMIER.

AGRICULTURE.

PREMIÈRE SECTION.

GRAINS.

La police des grains a, dans tous les temps, fixé l'attention des gouvernemens. A Athènes le blé était prohibé à la sortie, l'Attique en produisant peu. Le prix était taxé à un taux moyen, et dans les momens de disette le gouvernement s'en procurait à l'étranger, et le livrait au peuple au taux fixé par les magistrats. Le même mode était en usage à Rome, presque tous les peuples modernes l'ont adopté. Dans les temps calamiteux, les gouvernemens doivent veiller aux approvisionnemens de la subsistance publique, mais il ne faut pas qu'ils s'attribuent le monopole des achats. l'importation doit être laissée libre, afin que la plus grande masse des citoyens puissent y prendre part, et que les besoins puissent être plus promptement et plus sûrement satisfaits.

Plusieurs publicistes ont conseillé aux gouvernemens, comme excellent moyen de prévenir la disette, l'établissement des greniers publics; d'autres ont critiqué cette mesure, et en ont fait ressortir les inconvéniens. La possibilité aujourd'hui démontrée de la conservation des blés dans les silos, par l'interception absolue de l'air atmosphérique, a changé l'état de cette importante question. Dans les années d'abondance, rien ne doit empêcher les capitalistes et les agriculteurs eux-mêmes de faire des réserves pour les temps de chèreté. L'intérêt particulier, secondé par la sollicitude des gouvernemens, doit suffire en cette matière. Nous ne rentrerons pas dans la discussion des divers points de la doctrine du commerce des grains, si long-temps controversée : de nombreuses dissertations publiées sur cet objet, et les discussions de la tribune, ont répandu la lumière sur cette partie essentielle de la législation.

Interdire l'exportation toutes les fois que la disette se fait redouter par l'élévation du prix des blés indigènes au-delà d'un taux moyen sagement déterminé ;

La permettre quand l'abondance est constatée par les relevés statistiques comme par les mercuriales ;

Admettre les blés exotiques, au moyen d'une taxe proportionnelle établie sur le prix des grains indigènes ;

Les repousser toutes les fois que ces derniers sont descendus à un taux qui ne promet aucun profit à l'agriculture nationale ;

Laisser une entière liberté de circulation intérieure ;

Ne jamais gêner les approvisionnemens, en se renfermant, toutefois, dans les limites des principes posés ci-dessus ;

Telles sont, ce nous semble, les maximes fondamentales d'une bonne législation de grains. Par-là, votre agriculture est suffisamment protégée, la subsistance nationale est assurée, et l'intérêt, bien entendu, du commerce est respecté.

Ces maximes ont triomphé dans ces derniers temps ; elles ont servi de bases aux lois proclamées en France depuis la restauration ; l'Angleterre sent la nécessité de les étendre chez elle.

DEUXIÈME SECTION.

VINS ET BOISSONS.

§ Ier.

Colbert, par son tarif de 1664, imposa les vins tirés de l'étranger. Après lui, en 1686, les vins et les eaux-de-vies de France, destinés à sortir du royaume, furent affranchis des droits dont ils étaient précédemment grevés.

Le tarif du 15 mars 1791, assujétit les vins importés en futailles à 25 francs le muid, ceux en bouteilles à 60 francs, et les vins français allant à l'étranger, à un droit qui varie d'un franc à sept francs le muid, selon les points de sortie.

Aujourd'hui les vins paient, à la sortie en futaille 25 centimes l'héctolitre.

En bouteille, 50 centimes, 75 centimes, ou 1 franc 50 centimes, suivant le point de sortie.

Quelle était l'utilité du tarif de l'assemblée constituante? Il n'en avait d'autre que de grossir les revenus de la douane, triste avantage acquis au détriment de l'intérêt qu'il fallait protéger. Ce droit était faible, dira-t-on, mais jusqu'à un certain point, il n'en gênait pas moins l'exportation.

On a senti la nécessité de réduire les droits de sortie au plus bas degré, afin de favoriser l'écoulement de nos vins, cet abondant produit de notre territoire.

Les vins, source de richesse pour nos contrées méridionales, sont de tous les produits de notre sol, celui qui pourrait surtout favoriser des arrangemens particuliers de commerce entre la France et les peuples voisins.

L'exportation de nos vins a surtout souffert du système prohibitif.

L'Angleterre les impose à 7 sch. 3 d. le gallon;

L'ancien droit était de 11 sch. 6. d.

La Suède, à 50 p. 0/0 les vins blancs;
à 40 p. 0/0 les vins rouges.

Si l'importation a lieu autrement que sous le pavillon suédois, on paie une sur-taxe de 40 p. 0/0 sur le montant des droits.

Le Dannemarck, à 40 fr. l'hectolitre en futaille; à 50 fr. *id.* en bouteilles.

Plus, 6 p. 0/0 sur le montant des droits.

Les Pays-Bas, à 26 fr. 69 c. l'hectolitre;

Plus, un droit de 13 p. 0/0 sur le montant des droits.

L'importation ne peut avoir lieu que par mer.

Le Wurtemberg, à 55 fr. 28 c. les 100 kil.

Le duché de Bade, prohibés.

La Bavière, à 76 fr. 92 c. l'hectolitre.

L'électorat de Hesse, à 8 fr. 54 c. et à 17 fr. 03 c. selon la qualité en futaille; à 62 fr. l'hectolitre en bouteilles.

Le grand duché de Hesse, à 16 fr. 51 c. en futailles; à 71. fr. en bouteilles.

Le moyen des transactions commerciales, que nous venons d'indiquer plus haut, pourrait adoucir l'effet de ces taxes.

Espérons que notre gouvernement saura les mettre en œuvre, au moins avec les nations dont les liaisons sont moins dangereuses que celles de l'Angleterre.

§ IIe.

Impôt de consommation.

L'impôt sur les boissons est purement fiscal : il n'existe que pour subvenir à l'énormité des charges qui pèsent sur l'État. Un concert de voix s'élève chaque année pour obtenir des réductions sur le budget des dépenses; réductions d'autant plus désirables, qu'elles seules peuvent donner le moyen d'alléger le fardeau des impôts.

Au premier rang des impôts à diminuer, est sans doute la contribution foncière; au second rang se place celui qui se perçoit sur les produits du sol, tels que le vin, le cidre et généralement toutes les boissons indispensables à l'homme, pour le soutenir dans ses travaux, conserver sa santé et nourrir sa vigueur.

Un des objets qui doivent occuper les méditations des administrateurs, c'est la nécessité de changer le régime des exercices si contraires aux principes d'un gouvernement libre. N'est-il pas douloureux, en effet, de voir chaque jour l'asile des citoyens envahi, pour ainsi dire, par les agens du fisc. L'homme d'État qui affranchira son pays des exercices à domicile sans nuire aux besoins réels du trésor, recueillera les bénédictions des peuples, et méritera les hommages de la postérité. Il nous est permis d'espérer que cet homme se trouvera sous un monarque qui, en revoyant la France, après vingt-cinq ans d'exil, prononça d'abord ces paroles magnanimes accueillies par des acclamations universelles : *Plus de conscription, plus de droits réunis.*

Le descendant de Henri IV avait l'intention de réaliser ses royales promesses, mais les besoins de l'État et les nécessités du temps se sont opposés à l'exécution de ce vœu généreux. Les États ne peuvent se soutenir sans armées non plus que sans impôts.

La conscription a été abolie dans ce qu'elle avait de cruel pour les familles et de funeste aux nations, une loi sage l'a remplacée ; mais les droits réunis, momentanément adoucis, sont restés avec tout ce qu'ils ont de gênant pour les citoyens.

Charles X ne voudra pas laisser l'œuvre de la restauration imparfaite, il trouvera un ministre capable de débarrasser son peuple, sinon de l'impôt en lui-même, au moins des entraves qui rendent cet impôt si onéreux.

TROISIÈME SECTION.

LAINES.

En France avant l'année 1304, la sortie des laines était permise, mais elle fut prohibée alors sur les représentations des fabricans.

Cette prohibition éludée par une multitude de permissions particulières, accordées moyennant finance, levée entièrement en 1341, rétablie par une ordonnance du 6 août 1349, fut enfin remplacée par un droit égal et uniforme que différentes lois portèrent à 37 fr. par quintal, poids de marc. Le tarif du 15 mars 1791 autorisa la sortie, moyennant un droit de 75 francs par quintal métrique. Cette loi fut rapportée le 26 février 1792; et depuis lors la législation prohibive n'a pas varié: elle a été au contraire confirmée à diverses reprises les 15 mai 1793, 12 pluviose an III, et 19 thermidor an IV.

La loi du 7 juin 1820, ayant imposé les

laines à l'entrée, dût, par une conséquence naturelle; lever la prohibition de sortie.

Nous passons à ce qui touche à l'introduction des laines étrangères.

Sous le règne du sage et vertueux Louis XVI, quelques bons esprits apperçurent tous les avantages qui pourraient résulter, pour la France, de l'introduction des belles races de mérinos. Leurs vues, présentées alors au gouvernement, furent goûtées, et quelques concessions du roi permirent de former le bel établissement de Rambouillet, d'où sont sortis plusieurs troupeaux distingués. Des récompenses et l'exemple de quelques fortunes faites dans ce nouveau genre de spéculation, servirent depuis à multiplier la race pure et la race métisse, et à mettre en culture les prairies artificielles.

Mais un décret de l'assemblée constituante ayant affranchi les laines de tout droit, comme matière première, sous l'empire de ce principe absolu, l'amélioration des troupeaux de mérinos ne prit qu'un accroissement difficile et lent.

Cependant, à mesure que les troupeaux se propagèrent, les animaux perdaient de leurs prix, effet naturel de la concurrence.

A cette circonstance vint se joindre la diminution du prix des laines, attribuée à quelque ralentissement dans notre fabrication pour l'étranger, et à des approvisionnemens qui s'élevaient au-delà des besoins ordinaires du commerce.

En 1811, le désir d'accélérer le mouvement d'amélioration jeta dans des mesures peu réfléchies; l'administration fut chargée de former, aux frais de l'État, autant de dépôt de béliers qu'il en fallait pour le croisement de neuf millions de brebis, nombre jugé nécessaire pour améliorer la quantité de laine, telle que la France fut dispensé à l'avenir d'en acheter chez l'étranger. Le décret du 8 mars défendit en même temps aux propriétaires de couper à l'avenir leur béliers de race pure.

Le gouvernement s'attribua, par ces mesures, une espèce de monopole, qui produisit un résultat contraire au but qu'on voulait atteindre.

L'éducation des mérinos et la métisation rétrogradèrent; le gouvernement, les possesseurs de troupeaux virent s'évanouir toutes leurs espérances.

On crut remédier au mal en imposant, par

un décret de décembre 1811, un droit de 30 francs sur les laines fines étrangères et de 10 francs sur les laines communes. Dans la vue de favoriser les laines indigènes, on dérogea au principe de franchise posé par l'assemblée constituante, mais on y revint à l'époque de la restauration.

La loi du 26 février, qui prohibait l'exportation des laines mérinos et métisses, fut rapportée par celle de 1814. Depuis, une irruption toujours croissante de laines étrangères vint avilir le cours des nôtres : nos fabriques employaient cependant une quantité de laine supérieure à la quantité produite par la récolte annuelle ; mais la vente des tissus ne s'élevant pas au niveau de la fabrication, il en résulta un encombrement momentanée dans les magasins, ce qui augmenta le malaise et contribua à la dégradation du prix des laines.

Les laines indigènes restèrent invendues entre les mains de nos agriculteurs, qui firent alors entendre leurs plaintes. Le gouvernement, sur leurs représentations, se décida à imposer les laines étrangères par la loi du 7 juin 1820.

Quelques bons esprits prétendent que cette

mesure n'influa pas sur l'amélioration du prix des laines, et que cette amélioration eût été produite également sans le concours du tarif, par l'essor qu'à pris, depuis 1820, la fabrication des draps et étoffes de laines, au moyen des débouchés que notre commerce a su se frayer au dehors. Nous pensons que les développemens de l'industrie manufacturière, secondée par les combinaisons d'une habile politique, auraient suffi pour donner aux laines de France leur valeur naturelle, le cours des prix eût alors été plus stable que celui qui est soumis aux oscillations des tarifs.

Comme il arrive presque toujours qu'un besoin satisfait excite à de nouveaux désirs, l'agriculture ne se contenta pas du nouveau droit; et, comme elle se trouvait naturellement représentée et appuyée dans les chambres, elle parvint à faire élever la taxe sur les laines, par l'ordonnance du 14 mai 1823, qu'on a proposé de convertir en loi dans la session actuelle des chambres.

Dans quelle vue a t-on élevé le tarif d'entrée? On a voulu améliorer le prix des laines indigènes et favoriser leur production aux dépens des consommateurs de draps. Le renchérissement a eu lieu; la hause s'est élevée en peu de temps à 50 p. 0/0, et dans les bonnes qualités elle est parvenue aujourd'hui à 100 p. 0/0. Les laines qui se vendaient 18 et 20 sous le demi kil. au commencement de 1823, valent aujourd'hui 36 et 40 sous. Mais cet effet devant nécessairement être produit par la nature des choses, le prix des laines s'est élevé proportionnellement sur les marchés étrangers, en Espagne, en Saxe et en Belgique. Si le consommateur de drap avait voulu subir aussi promptement, dans le prix du produit fabriqué, un renchérissement proportionné à l'augmentation survenue dans le prix de la matière, le manufacturier n'eût éprouvé qu'une gêne momentannée, résultant de ses avances plus considérables; mais il en a été autrement. La valeur des laines a doublé; le prix du draps est resté stationnaire, de telle sorte que le manufacturier n'entrevoyant que des pertes certaines pour tout ce qui devrait se consommer en France, a préféré ralentir sa fabrication que d'acheter des laines au prix exorbitant qu'elles ont atteint. On pourrait citer telle manufacture qui a laissé sans activité un certain nombre de ses métiers, plutôt que de courir les chances périlleuses d'une fabrication si coûteuse. Ainsi le tarif qu'on a si inconsidérément adopté, a eu pour effet immédiat la hausse excessive du prix des laines sur tous les marchés, et pour suite inévitable, le ralentissement du travail, et bientôt la gêne de nos manufactures. Mais, dira-t-on, la taxe d'entrée est neutralisée par l'effet de la prime. Cet effet n'a lieu que pour les tissus exportés, et encore, le manufacturier a été forcé, par le renchérissement du prix des laines, à des avances de capitaux plus considérables, qu'il eût appliqués à un plus grand développement de fabrication. « Si l'importation est sujette à de hauts droits, dit Davenant, les négocians ont besoin d'un si grand capital, qu'ils ne peuvent faire un commerce bien étendu : les paiemens à la douane exigent un capital mort, qui pourrait être employé plus utilement pour la nation. »

L'élévation du droit, au taux où elle est portée, est donc à nos yeux, sinon une faute, au moins une grave erreur. Cependant nous ne conseillerions pas au gouvernement de diminuer tout à coup son tarif, car il en résulterait des désastres immenses. Nous l'invitons à le faire avec ménagement, et de sorte que les spéculations entamées sous le régime actuel puissent s'accomplir sans secousses, avant que la réduction du droit ait reçu son effet.

Les laines communes de France n'ont pas ce nerf, cette élasticité propres aux laines du Levant, qualités qui rendent ces dernières absolument nécessaires aux matelasseries. Les fabriques de couvertures et d'étoffes à l'usage du peuple des campagnes réclament aussi les laines communes exotiques ; le droit énorme dont on a grevé cette espèce est donc une véritable calamité. Il occasionne encore un autre dommage. Les Levantins qui nous apportaient leurs laines, chargeaient en retour des produits de notre sol et de nos fabriques ; le tarif actuel les repousse, et des échanges avantageux ne sont-ils pas perdus pour la France ?

Les laines fines sont déjà assez abondantes; il ne manque que quelques laines superfines de l'espèce appelée *laine électorale de Saxe*. Sous l'empire de la loi actuelle, qui promet des bénéfices certains aux propriétaires de troupeaux, on pourra, par le moyen des belles races de mérinos et l'introduction des béliers du Leicester (1), donner aisément autant de laines surfines qu'en réclament les besoins des manufactures de Sedan, de Louviers, d'Elbœuf, d'Amiens, etc. Dès que l'on aura atteint ce but, dès que les laines indigènes pourront soutenir la concurrence des laines étrangères, on devra s'empresser d'abolir la taxe et de rentrer dans la voie des vrais principes d'économie politique, en proclamant la franchise absolue, tant à l'entrée qu'à la sortie.

Déduisant les conséquences de cette discussion, et passant à la solution de la question qui nous occupe, en ce qui concerne la France, toute taxe élevée relativement à la sortie et à l'entrée des laines, est plus nuisible qu'utile, puisqu'elle entraîne avec elle les graves inconvéniens que nous venons de signaler.

---

(1) Les moutons du Leicester, récemment introduits en France, fournissent cette laine longue qu'on emploie à la fabrication des étoffes lisses, telles que les alépines, etc.

QUATRIÈME SECTION.

ANIMAUX DE RACE BOVINE.

Une grande population couvre la France; de là, la chèreté du sol, et cependant ce sol est ingrat. Pourquoi? Parce que l'on manque, non de bras, mais de capitaux, agent productif qui excite le cultivateur à de continuelles améliorations. L'agriculture s'est développée, depuis 1789, par la division des propriétés, par la liberté de la circulation et du commerce intérieur, et par l'introduction, bien lente il est vrai, de quelques perfectionnemens apportés par les sciences dans le premier des arts. Comparée à celle des peuples qui nous avoisinent, elle est dans l'enfance. La Flandre, la Haute-Normandie, la Saintonge, la Brie, etc., ont la culture potagère et produisent des bestiaux; mais les terrains élevés et la moitié de tout le reste du pays en manquent absolument, et sont, par conséquent, livrés au retour périodique de la culture des menus grains.

La France est, sans contredit, un des pays de l'Europe où l'habitant de la classe ouvrière travaille le plus, et, où il est réduit à se nourrir des alimens les plus grossiers. Des contrées qui lui sont bien inférieures en toutes choses, telles que la Bohême, l'Autriche, la Bavière, la Pologne, fournissent cependant une nourriture plus variée à leurs habitans par l'étendue du territoire dont chacun dispose.

On n'a pas voulu rechercher les causes réelles de la diminution du prix des bestiaux : une seule a frappé l'attention, c'est celle de l'importation des bœufs étrangers. Plusieurs autres, cependant, concourent à produire l'effet que l'on a voulu combattre par le tarif. La première, c'est que sur trente millions d'habitans que possède la France, le quart seulement consomme la viande de boucherie. Chez nous, la masse de la population est dans les campagnes, et l'on sait que dans les provinces les plus prospères, le peuple vit, dans quelques-unes, de légumes, de pommes de terre, etc.; dans d'autres, de mets préparés avec de la farine de sarrasin, et que c'est une sorte de luxe, que d'user deux ou trois fois par semaine de la viande de porc.

Le haut prix que les bêtes grasses avaient atteint à une certaine époque, ne provenait pas d'une plus grande consommation intérieure, mais seulement de l'approvisionnement des armées et du gaspillage qui en était la suite : plus tard, la seconde invasion continua à maintenir les prix. L'état de paix succédant à ces désordres, les choses ont repris leur cours naturel, et le prix de la viande est tombé (1) au taux proportionné au besoin qu'on en éprouve réellement dans l'intérieur. On ne peut disconvenir, cependant, que ce taux ne soit inférieur à celui que réclame les besoins de notre agriculture, comparés aux charges qui lui sont imposées. Nos agriculteurs ne craindraient pas la concurrence étrangère, s'ils n'avaient pas plus d'impôts à payer que les cultivateurs du duché de Bade, de la

(1) Paris fait exception : la viande s'y maintient à un prix excessif, par le monopole accordé aux bouchers. Une nouvelle mesure tend à corriger cet abus, mais elle sera lente dans ses effets ; il serait essentiel de les accélérer.

Souabe, etc. Que le gouvernement avise aux moyens d'alléger le fardeau qui pèse sur la masse des populations rustiques; et il aura trouvé le meilleur agent de protection que puisse réclamer l'intérêt bien entendu de la classe la plus nombreuse, la plus intéressante de la nation.

Tel est le but désirable, vers lequel un gouvernement vraiment paternel doit diriger tous ses efforts. Nous ne croyons pas que l'impôt mis dans le dernier tarif sur l'importation des bœufs étrangers puisse être regardé comme un moyen d'y parvenir : au contraire, il a produit de fâcheux effets. On a cru paralyser l'introduction des bestiaux étrangers, et relever le prix des nôtres. Les bestiaux étrangers ont continué d'entrer, et le prix des nôtres est resté stationnaire : tant il est vrai que ce n'est point par le tarif que l'on peut pourvoir à un besoin de cette nature. Le tarif a froissé les intérêts de plusieurs peuples voisins, qui se sont empressés d'y répondre par des mesures de représailles. Les peuples de la rive gauche du Rhin ont repoussé, et frappé de droits prohibitifs, nos vins, une des premières sources de notre richesse; nos tissus, nos soieries; enfin, cette masse d'objets qu'ils tiraient constamment de chez nous, et qu'ils consommaient en plus grande quantité que nous ne consommions leurs produits.

Les hommes vraiment éclairés, avaient reconnu d'avance l'inefficacité de ce tarif, et prévu les funestes représailles qui en ont été la suite immédiate, et que nous venons d'indiquer sommairement.

Il appartient à des administrateurs prévoyans, de rechercher les moyens de favoriser, en France, la consommation des viandes de boucherie. Si l'on parvenait à l'introduire dans les campagnes, par une plus grande aisance répandue parmi les cultivateurs, au moyen de la diminution des impôts et de l'accroissement du travail, le nombre des consommateurs étant alors augmenté, on verrait bientôt les prix des bêtes grasses s'améliorer, et procurer à l'herbager un honnête dédommagement.

Le prix des bestiaux n'est élevé, en Angleterre, que parce que cette espèce de consommation y est abondante et l'un des premiers besoins.

Leur bas prix, chez nous, ne provient pas,

nous l'avons déjà expliqué, de ce qu'on en nourrit un trop grand nombre ; la France pourrait aisément en élever davantage ; le principe du mal réside dans une consommation trop restreinte : nous croyons avoir indiqué le remède. Nos tanneries sont forcées de s'approvisionner au-dehors : les relevés de commerce constatent annuellement une importation immense de peaux de bœufs, une plus grande consommation de viandes augmenterait la reproduction et parviendrait à nous affranchir de ce tribut.

Nous concluons de ce qui précède, en nous rapprochant de l'objet des douanes, qu'il ne peut être question de frapper le bétail d'un droit prohibitif, encore moins d'une prohibition absolue, pas plus à l'entrée qu'à la sortie.

CINQUIÈME SECTION.

HARAS.

Sous l'ancienne monarchie, on s'était occupé des haras avec l'intérêt que devait inspirer cette branche importante de l'économie agricole et politique.

Les mémoires des 16e. et 17e. siècles nous apprennent avec quel soin le ministre de Henri IV s'appliquait à encourager la propagation des belles espèces de chevaux, comme une source de richesse pour l'État et les particuliers.

Sous Louis XIII, les grands seigneurs et gentilshommes de province possédaient des haras nombreux, presque tous de race française; mais persécutés dans leurs terres par la politique ombrageuse de Richelieu, qui s'appliquait à démolir le vieil édifice de la féodalité, ils quittèrent leurs domaines et se firent courtisans pour échapper à la haine du ministre. Alors les haras languirent dans l'abandon.

Colbert eut la gloire de les régénérer. Il établit, en 1665, les haras royaux, et prescrivit de sages mesures d'administration qui furent couronnées d'heureux succès : ces haras se multiplièrent, les belles races furent propagées, et tout fait présumer que cette partie essentielle serait parvenue au plus haut point de prospérité, si Colbert n'eût été contrarié dans ses vues d'amélioration par les guerres ruineuses de ce règne (1).

Les haras prirent un accroissement remarquable sous Louis XV (2). Les idées d'ad-

---

(1) En effet, elles occasionnèrent l'achat de cinq cent mille chevaux chez l'étranger, et une exportation de plus de 100 millions de numéraire pour cette acquisition.

(2) Indépendamment des quatre grands établissemens et dépôts ou haras du Roi en Normandie, à Pompadour, en Limousin, à Chambord, et à Asnières près Paris, on comptait les haras établis en Normandie, en Boulonnais, en Auvergne, Limousin, Rouergue et dans les environs de Paris. Les pays d'État, tels que la Bourgogne et la Bretagne possédaient aussi de semblables établissemens.

ministration publique se perfectionnèrent. Alors parut le réglement de 1717, qui traça les devoirs des divers agens, tels que commissaires, inspecteurs et sous-inspecteurs des haras; visiteurs, gardes étalons, maîtres syndics, gardes haras; et qui imposa des obligations aux cultivateurs.

Ces règles, modifiées par quelques dispositions de Louis XVI, constituaient, en 1789, le système de l'administration des haras.

La révolution renversa ces établissemens, l'assemblée constituante abandonna cette partie à l'intérêt particulier. Chaque cultivateur employa des étalons bons ou mauvais; les jumens pour la monte ne furent plus soignées ni choisies; la reproduction des mulets souffrit également; l'espèce devint moins belle, et l'Espagne cessa d'être tributaire de nos cultivateurs du Poitou. La diminution des élèves fut rapide; les races s'abâtardirent, triste résultat d'une fatale négligence.

La ruine de cette partie intéressante de l'industrie agricole, n'eut pas seulement pour cause l'abandon du soin de la reproduction des chevaux à l'industrie particulière et volontaire, mais encore des procédés violens, des réquisitions sans mesure, qui enlevèrent, à l'époque de la révolution, aux cultivateurs de toutes les contrées, les étalons, les jumens poulinaires et les jeunes élèves qui périssaient bientôt faute d'entretien.

En l'an 3, une loi fut rendue pour arrêter les progrès d'un système qui semblait menacer l'espèce entière des chevaux d'une destruction prochaine.

On ordonna d'extraire des dépôts de l'État, et de délivrer aux agriculteurs des étalons et des jumens; on exempta du droit de réquisition, et de cet autre droit appelé *préemption*, les étalons et les jumens pleines, ou ayant mis bas depuis moins de cinq mois; on prescrivit quelques mesures réparatrices, mais on ne sut pas fonder un bon système d'administration.

Sous l'empire, on mit de l'ostentation dans tout ce qui touchait aux haras, et le mauvais choix des administrateurs, hommes fort estimables d'ailleurs, mais ignorans dans les moyens de la reproduction des races, laissa cette partie dans un état de langueur.

Elle n'a pas été plus heureuse depuis la Restauration. Les soins qu'on y a donnés ont obtenu peu de succès, et chaque année il s'est élevé, dans les chambres, des voix qui ont amèrement critiqué cette partie d'administration; quelques-unes ont indiqué des moyens d'amélioration. On a demandé que le gouvernement envoyât dans les départemens, au domicile même des propriétaires, des agens chargés de traiter de gré à gré avec eux, pour les chevaux destinés au service de l'armée, au lieu d'obliger les particuliers à conduire leurs chevaux au chef-lieu. Sous le régime actuel, le propriétaire, incertain de la vente, balance à faire les frais de déplacement, et les sujets les plus propres aux remontes sont presque toujours ceux qui ne sont point présentés au lieu indiqué par les agens du gouvernement.

Une des causes qui altèrent la reproduction, c'est l'indifférence que l'on apporte au choix des jumens poulinaires; les cultivateurs vendent ordinairement les meilleures, et ne consacrent à la reproduction que des bêtes altérées par l'âge ou épuisés par le travail. On détruirait ce vice radical en pensionnant, dans les dépôts de l'État, un certain nombre de jumens de race pure et de belle qualité. Le système des primes d'encouragement à décerner aux agriculteurs qui produisent les plus beaux élèves, est susceptible d'amélioration et de développement. Il importe, surtout, qu'il ne soit pas vicié par la partialité, par l'intrigue et par des distributions de faveur.

On comptait en France, en 1789, un million six cent quarante mille chevaux.

Un honorable député a fait connaître l'état actuel des haras.

Deux dépôts de remonte pour la cavalerie : à Caen et à Clermont.

Le premier ne reçoit guère de chevaux que du Calvados, et en fournit annuellement deux mille.

Le second en fournit douze cents, total trois mille deux cents.

Les départemens du Calvados, de la Manche et de l'Orne possèdent ensemble plus de cent-quatre-vingt mille chevaux, et peuvent fournir annuellement plus de cinq mille chevaux propres au remonte de notre cavalerie.

Le Cantal, le Puy-de-Dôme, la Creuse, la Nièvre et Saône-et-Loire en possèdent plus de cent cinquante mille, et peuvent en fournir annuellement plus de quinze cents pour le même service.

Les Côtes du nord, le Finistère, l'Ille-et-

Vilaine en possèdent au moins deux cent mille, et peuvent en fournir trois à quatre mille.

Les deux Sèvres, la Vendée, la Vienne en ont cinquante-deux mille, et en fournissent au moins quinze cents.

Les départemens d'Eure-et-Loire, qui en possèdent trente mille, en fournissent au moins mille cinq cents.

Enfin, le département des Ardennes, qui en possède quarante mille, en fournit également mille cinq cents; et la Mayenne, la Meurthe, la Meuse, la Moselle, les Vosges, le Haut et et le Bas-Rhin, qui en possèdent au moins trois cent dix mille, en fournissent facilement deux mille cinq cents.

Ces 23 départemens ont 965,200 chevaux et peuvent en fournir annuellement pour la remonte de 16 à 17 mille.

En resumé, l'experience nous apprend qu'en cette matière, l'intérêt particulier, abandonné à lui-même, n'est pas un véhicule assez puissant, dans l'état actuel des fortunes en France, pour donner à cette branche importante d'économie agricole, tout le développement dont elle est susceptible ; que l'administration qui la régit, est encore parmi nous dans l'enfance; qu'elle manque non seulement de vice dans l'ensemble, mais encore de l'instruction dans l'art du croisement, de l'amélioration et de la propagation des belles races que nous possédons, et que l'étranger nous envierait à juste titre si nous savions en tirer parti. Lorsque l'on prodigue des millions pour des choses de luxe, pour de vaines frivolités, on semble faire un pénible effort en accordant dix-sept cent mille francs à la protection d'une branche d'économie qui touche à la fois au bien-être de l'agriculture et aux grands intérêts de l'État. On chicane, dis-je, pour lui accorder dix-sept cent mille francs, et le ministre de la guerre ne balance pas à acheter, en certaines années, jusqu'à vingt-six mille chevaux chez l'étranger, auquel il prodigue si inconsidérement des millions de notre numéraire, qu'on économiserait si une administration habile savait tirer parti des ressources immenses que possède la France.

Quant au tarif actuel de nos douanes, nous n'avons point de reproches à lui adresser; il prohibe la sortie des chevaux et jumens, prohibition adoptée dans tous les temps chez les peuples les plus éclairés comme une mesure de sûreté générale (1), puisque les chevaux sont un des élémens indispensables à la formation des armées.

Par conséquent, ici, dans le système des douanes la prohibiton des chevaux est commandée par la politique elle-même.

---

(1) A Rome la sortie des chevaux était prohibée. On en trouve un exemple dans Tite-Live, suivant la permission accordée par le Sénat à quelques ambassadeurs des Gaulois, d'acheter dix chevaux en Italie et de les emmener chez eux. « *Hœc missa: illa petentibus data est denorum equorum iis commercium esset, educendique ex Italia potestas fieret.* »

Tit.-Liv., liber XLIII. cap. V.

CHAPITRE DEUX.

MANUFACTURES.

Les économistes regardaient la terre comme l'unique source des richesses. A. Smith parut, et démontra que le travail était le principe générateur de la fortune des individus comme de celle des nations. La terre sans culture ne produirait que des fruits amers et sauvages ; c'est le travail qui la féconde ; c'est par lui qu'elle ouvre son sein, pour alimenter de ses innombrables productions l'industrie de l'homme. Celle-ci s'empare de ces élémens, leur donne de nouvelles formes, multiplie leur valeur, et devient par-là le plus puissant véhicule de l'agriculture.

Nous traiterons, dans ce chapitre, des grandes branches d'industrie, telles que la draperie, la fabrication des toiles de lin et de chanvre, les dentelles, les tissus de coton, les soieries et les fers.

PREMIÈRE SECTION.

DRAPS.

Dans l'enfance des sociétés, chez les peuples pasteurs, les hommes se nourrissaient de laitage et se couvraient des dépouilles de leurs troupeaux. Quelques-uns, plus ingénieux, trouvèrent les moyens de filer la laine et de s'en former des vêtemens simples et grossiers.

Les progrès de la civilisation qui firent naître de nouveaux besoins, excitèrent à de nouvelles recherches; le hasard seconda les découvertes de l'industrie, et bientôt les arts imitèrent la variété de nuances que nous offre la nature. Tyr, reine des mers, fut en possession de fournir le monde entier de sa pourpre et de ses tissus parés de riches et brillantes couleurs. Cette industrie se répandit chez les peuples commerçans, en Grèce et dans les diverses possessions de l'Empire romain, notamment en Espagne.

Mais, après le démembrement de l'Empire romain par les barbares, à la fin du quatrième et au commencement du cinquième siècle, cette industrie retomba dans l'enfance. Venise, fille de la liberté, la releva; les Arabes la portèrent en Espagne, de là elle passa dans l'Empire de Charlemagne. Plus tard, les sujets des ducs de Normandie, attirés en Belgique par les relations de bonne amitié et les liens de parenté qui existaient entre les ducs et les comtes de Flandres, introduisirent chez eux ce genre de fabrication. Dès le dixième siècle il existait des fabriques de draps à Louviers et dans les hameaux où s'élève aujourd'hui l'industrieuse ville d'Elbeuf.

Les manufactures de draps, contrariées par les réglemens du fisc, dont nous avons signalé les funestes effets dans notre partie historique, languirent jusqu'au moment où Colbert vint tout animer de son génie. En peu d'années la France se couvrit de manufactures : Louviers et Sédan parvinrent à surpasser, en solidité, en finesse et en beauté, les produits de l'industrie étrangère. Colbert enrichit les provinces du Midi, du procédé de fabrication des draps légers nommés *Londrins*.

La révocation de l'édit de Nantes porta un coup funeste à ce genre d'industrie, qui, après s'être relevé, reçut un nouvel échec par le traité de commerce de 1786. Les corporations, jurandes et maîtrises apportèrent des obstacles continuels à l'application des procédés nouveaux, et enchaînaient dans un étroit espace l'essor du génie manufacturier.

L'assemblée constituante délivra l'industrie des entraves qui l'opprimaient; et, pour réserver ce marché intact à nos fabricans, elle frappa par le tarif du 15 mars 1791, les draps fins étrangers de 300 franc, et les draps communs de 150 franc par 100 livres.

La loi du 18 vendémiaire an 2 proscrivit du sol français les produits manufacturés provenant des pays soumis au gouvernement Britannique.

La loi du 10 brumaire an v renouvella cette prohibition, que toutes les lois rendues depuis la restauration étendirent indistinctement à tous les produits étrangers.

On doit être frappé de cette vérité de fait,

que c'est à l'abri des mesures répulsives que l'Angleterre, et ensuite la France, sont parvenues à donner à leurs manufactures l'immense développement qu'elles ont acquis. Toutefois, il est essentiel de remarquer que ces succès tiennent au concours de plusieurs autres circonstances, et que la prohibition n'est pas la cause unique de cette prospérité.

En 1813, les fabriques d'Elbeuf, celles de Carcassonne, de St.-Agnan, St.-Pons, etc., touchaient à leur ruine, écrasées qu'elles étaient par la supériorité des fabriques analogues qui florissaient en Belgique et dans l'ancien département de l'Ourthe, où l'on comptait à cette époque plus de 50 mille ouvriers, supériorité due à l'emploi des machines et au long exercice de ce procédé dans la fabrication. Dès que la Belgique fût séparée de la France, que les lignes de douanes se resserèrent et se fixèrent à leurs anciennes limites, les fabriques de l'ancienne France, que nous venons de citer, débarrassées pour l'approvisionnement intérieur de la concurrence des produits Belges, se relevèrent successivement. Leur mouvement de prospérité s'est accru chaque jour; partout des métiers ont été mis en activité, de vastes établissemens ont été fondés dans les lieux les plus propres à mettre en mouvement les agens mécaniques. La seule ville d'Elbeuf a quintuplé sa fabrication; Darnetal, près Rouen, Vienne, Carcassonne et autres villes manufacturières des départemens méridionaux ont donné une extension prodigieuse à leur industrie. Si le tarif sur les laines étrangères rallentissait ce mouvement, que de reproches n'auraient-ils pas à se faire, ceux qui l'ont provoqué, soutenu et consenti !

On peut évaluer le nombre d'ouvriers occupés par nos fabriques de lainage à cent soixante mille, et leurs produits annuels à trois cents millions de francs.

DEUXIEME SECTION.

TOILES DE LIN ET DE CHANVRE, DENTELLES.

L'ART de tisser le lin et le chanvre, comme presque tous les arts, remonte à la plus haute antiquité. Les livres saints nous prouvent qu'il florissait chez les Hébreux. A Athènes, la fabrication des toiles y avait acquis une perfection remarquable, en même temps que d'heureux procédés de blanchîment prêtaient leurs secours à cette industrie. Plus tard ces procédés de fabrication et de blanchîment passèrent chez les Romains, qui s'y livrèrent avec succès; mais l'inondation des barbares fit tout rétrograder. La Hollande, qui a devancé les nations modernes dans ce genre, les rendit ses tributaires; et l'on recherche toujours les toiles de Frise, de Courtray, et le linge damassé. Mais les secrets de cette fabrication, quoique cachés mystérieusement par les artisans de cette nation, ne purent échapper long-temps à la curiosité et à la pénétration des Français et des Anglais. Après de nombreux essais, souvent infructueux, ces deux puissances s'approprièrent cette branche de travail et de richesse, encouragèrent leurs établissemens naissans, et grevèrent les toiles de Hollande de droits élevés.

L'assemblé constituante imposa des droits qu'on regarda comme insuffisans, son tarif a été successivement augmenté. Aujourd'hui les droits pourraient paraître considérables et même offrir une protection efficace, si les relevés de commerce ne semblaient démontrer le contraire. L'importation des toiles de lin et de chanvre a présenté, dans les dernières années, une progression alarmante; les importations ont dépassé considérablement les exportations, et l'on a évalué à 30 millions, dans une période de quatre années, les pertes éprouvées par la population de nos campagnes. Il paraissait donc naturel à quelques esprits de défendre ce genre de fabrication par une prohibition absolue, comme on a défendu celle qui s'exerce sur les laines et les cotons; mais des raisons de bon voisinage avec les Pays-Bas ont déterminé à user de ménagement, et il résulte du dernier projet de loi qu'on se borne à augmenter le tarif d'entrée.

Nous félicitons le gouvernement d'avoir su, dans cette occasion, résister à la manie des prohibitions, puisque cette industrie peut être suffisamment protégée par des droits.

Nous avons fait remarquer, à la section précédente, que les manufactures de tissus de laine avaient gagné à la séparation de la Belgique de la France. La fabrication du lin et du chanvre n'a pas moins profité de ce changement. Les toiles des Pays-Bas se trouvant grevées de forts droits, les nôtres ont obtenu la préférence dans le marché national. Les fabriques de Lisieux, de Noirmoutiers, qui produisent des toiles dites *crétonnes*, ainsi que plusieurs autres fabriques, ont pris, depuis 1814, un accroissement notable; accroissement qui eut été plus remarquable encore s'il n'eût été nécessairement contrarié par la concurrence des tissus de coton, introduits dans tous les usages auxquels les toiles étaient jadis exclusivement consacrées.

La France étant en possession depuis long-temps de cette branche d'industrie, les hommes préposés aux soins du gouvernement, doivent redoubler de soin pour en favoriser les développemens.

En 1820, nous n'avons exporté que 1,869,126 kilogrammes de toile ; l'étranger nous a envoyé 3,282,338 kil.

Nous n'avons vendu au dehors que 5,251 kilogrammes de linge de table, tandis que nous en avons acheté 21,961 kil.

Tout se lie, tout s'enchaîne en économie politique. La fabrication des toiles de lin et de chanvre ne doit pas se borner à la consommation intérieure ; il faut qu'elle entre en partage dans le commerce étranger, et devienne un des objets principaux d'exportation. Alors, vous aurez atteint deux grands résultats : la population des campagnes, les femmes, les enfans seront utilement occupés, et, comme ils produisent à moins de frais que les habitans des grandes villes, vous pourrez lutter avec avantage contre la concurrence étrangère.

La culture de ces précieux végétaux prendra un accroissement rapide, qui tournera à l'avantage de l'agriculture et diminuera la culture des blés, à laquelle les parties les plus fertiles de notre sol sont presque exclusivement consacrées; ce qui est une des principales causes de la surabondance et de la vileté du prix des grains; espèce de calamité dont les résultats sont moins terribles que ceux de la disette, mais n'en sont pas moins un principe de mal-aise pour le corps social.

Le produit annuel de la fabrication du lin et du chanvre, en France, peut être évalué à deux cent cinquante millions de francs.

DENTELLES.

Nous n'omettrons pas, dans ce paragraphe, l'intéressante fabrication des dentelles, si précieuse pour nos campagnes, où elle entretient l'aisance et les bonnes mœurs.

Cette fabrication a beaucoup souffert de la concurrence des tulles de coton brodés que produit l'industrie anglaise; et que, sous un volume imperceptible, la contrebande introduit aisément chez nous : la surveillance des douanes, ne saurait être trop attentive à repousser ce genre de fraude.

TROISIÈME SECTION.

COTON.

Le coton fut connu des anciens; Pline en fait une description particulière : on ignore les procédés dont ils se servaient dans les fabriques. Dans les temps modernes, l'industrie du coton est originaire de l'Inde et du Levant; elle ne fut introduite en Angleterre que vers le commencement du dix-huitième siècle. C'est à Manchester, qu'elle prit quelque développement. Elle passa en Saxe, en France, et les Romains s'acquirent quelque réputation, par leurs mouchoirs et autres tissus légers. Les Anglais ont les premiers perfectionné l'art de filer le coton; ils ont donné à leurs mécaniques un degré de perfection, que les Français et les nations rivales cherchent à imiter; mais qu'elles n'ont pu atteindre encore. Cette industrie avait déjà fait chez nous quelques progrès, par l'introduction de la machine d'Arkwrigth; mais le traité de commerce conclu entre l'Angleterre et la France, en 1786, vint en paralyser les développemens. Les lois du 18 vendémiaire an 2, du 10 brumaire an v, 22 février 1806, qui repoussèrent les produits des manufactures anglaises, excitèrent la fabrication des cotons; et le sol français fut bientôt couvert de riches ateliers et de superbes manufactures. Le système continental ajouta à leur prospérité; mais le chef du gouvernement ayant imposé les cotons à un droit excessif (1), les manufactures en éprouvèrent

---

(1) Décret du 5 août 1810.

On fit observer à Napoléon qu'il allait porter un coup funeste aux fabriques et filatures de coton, qui, sous la garantie des précédentes lois, avaient donné de l'extension à leurs spéculations. On assure qu'il dit alors: «Pourquoi m'a-t-on proposé d'adopter ou de prescrire des mesures favorables à une industrie dont l'élément étranger à notre sol est dépendant des oscillations de la politique.» Cette réflexion rentrerait assez dans le système de quelques économistes qui professent cette maxime, que chaque peuple doit se livrer au genre d'industrie qui lui est propre. Toutefois le décret du 5 août n'en fut pas moins un acte de despotisme, que condamnent à la fois la justice et la raison.

une gêne, que vint accroître les deux invasions de 1814 et 1815. La loi du 28 avril 1816, appliqua au mal un remède efficace, en ordonnant dans l'intérieur la recherche des fils et tissus étrangers. Cette mesure rigoureuse, dictée par la nécessité, nous semble susceptible de modification ; mais croyons même qu'elle est contraire aux principes du gouvernement représentatif, puisqu'elle porte en quelque sorte atteinte à l'inviolabilité des domiciles des citoyens. Dans le temps de calme, c'est à la frontière que la surveillance doit s'exercer ; et elle ne doit pas franchir, à moins de poursuite à vue, le rayon des douanes.

L'impôt dont les cotons ou laine sont affectés par nos tarifs, paraît contraire aux principes d'une sage économie politique, et, bien qu'il soit remboursé sur les tissus qu'on exporte, il n'en grève pas moins la consommation intérieure. Nous faisons des vœux, pour que le gouvernement renonce à une ressource qui viole une maxime que l'on doit toujours respecter, quand l'intérêt public n'exige pas qu'on y déroge momentanément ; et ici l'intérêt public est d'accord avec le principe.

En France, les manufacturiers de coton

ont marché à pas de géant dans la carrière des perfectionnemens ; les machines appliquées au tissage et aux filatures se sont multipliées à tel point que nous pouvons lutter dans plusieurs genres avec les Anglais, et que nous les avons même surpassés en plusieurs; tels que les toiles peintes et les étoffes pour vêtemens et pour ameublemens. Cependant, les Anglais en produisent en si grande quantité et à si bon compte, qu'il serait encore dangereux pour nous de lever la prohibition qui frappe les tissus et la bonneterie de coton. Nous ferons mieux ressortir, au chapitre du commerce, les dangers d'une pareille mesure.

Une seule exception a paru utile à quelques bons esprits, et l'un des députés du département du Rhône, qui paraît revenir à des idées plus saines que celles qu'il avait énoncées dans une des précédentes sessions, a demandé que les fabriques de Tarare puissent recevoir, par un seul bureau de douane, les cotons filés étrangers, en acquittant un droit fixe de 12 fr. par kil. Cette exception porte sur les hauts numéros que nous pourrions peut-être produire, mais non pas à aussi bon compte, ni en si grande quantité que les besoins de nos manufactures pourraient l'exiger. On ne saurait arrêter la contrebande qui s'exerce à l'introduction sur les fils nécessaires à la fabrication des tulles et des mousselines surfines. Il serait donc dans l'intérêt du trésor, comme dans celui de la loi, de mettre un terme à ce genre de fraude.

Nous ne terminerons pas cette section sans rappeler que nos manufactures emploient annuellement de vingt à vingt-quatre millions de kilogrammes de coton, dont les produits peuvent être évalués de 400 à 480 millions de francs; que les capitaux engagés dans cette industrie approchent d'un milliard, et que près de huit cent mille individus sont occupés en ce moment, sur le sol de la France, aux différentes manutentions qu'exige cette fabrication.

SOIERIES (1).

SECTION TROISIÈME.

§ Ier.

ESQUISSE HISTORIQUE.

LA soie est originaire de la Chine, où croissent en abondance les mûriers, dont se nourrit l'insecte qui la produit.

Les Chinois possédèrent long-temps ce trésor sans en connaître le prix. Ce ne fut que vers l'an 2660 avant Jésus-Christ, sous l'empereur Hoang-Ti, que cette source de richesse fut remarquée. L'impératrice Si-Ling,

(1) Cette section ne faisait point partie du mémoire que nous avions envoyé au concours ouvert par l'Académie de Lyon.

sa femme, que quelques auteurs appellent Loui-Tseu, découvrit et enseigna l'art d'élever le ver à soie, de dévider le cocon, et d'employer ce fil délicat à la fabrication des étoffes. Les Chinois, par reconnaissance, divinisèrent cette princesse, et l'honorèrent sous le nom d'Yuen-Fai, esprit des mûriers et des vers à soie.

Par une heureuse politique, les impératrices se livrèrent à l'industrie du ver à soie, engageant ainsi, par leur exemple, les grands et le peuple à les imiter.

Le philosophe Meng-Tseu, rapporte un ancien réglement qui déterminait l'espace destiné à la culture des mûriers selon l'étendue du terrain de chaque propriétaire.

Cet art passa de la Chine chez les Perses, d'où il fut apporté en Grèce par les soldats d'Alexandre.

Les auteurs grecs prétendent que la fabrication de la soie fut inventée dans l'île de Cos, par une certaine Pamphile, fille de Platis.

Ce récit ne peut être attribué qu'à l'orguei national, sentiment prédominant chez les anciens Grecs.

Des manufactures s'établirent en Phénicie,

à Beryte et à Tyr; elles répandirent leurs produits dans l'occident.

L'usage de la soie fut long-temps inconnu aux Romains; ils regardaient comme une merveille ce fil délicat, qu'ils prenaient pour l'ouvrage mystérieux d'une petite araignée. De là le prix énorme de la soie.

Héliogabale fut le premier qui porta une robe de cette étoffe. Les Antonins, et ceux de leurs sujets qui avaient conservé l'austérité des mœurs antiques, ne voulaient pas se vêtir d'un tissu attribut du luxe, dévolu aux affranchis et aux courtisannes.

Le secret de cette fabrication fut apporté des Indes en occident, par des moines, vers l'an 555, sous le règne de Justinien. Des établissemens s'élevèrent à Athènes et à Corinthe. Ces établissemens subsistaient encore sous l'Empire Grec. Les Vénitiens entrèrent en relation avec ces manufactures, et en transportèrent les produits dans les diverses contrées de l'Europe.

Roger II, roi de Sicile, descendant des héros Normands, ayant fait la conquête d'Athènes sur l'empereur de Constantinople, transporta cette industrie dans ses états, et enrichit Palerme et la Calabre de plusieurs manufactures de soieries.

Ce bienfait se répandit successivement chez les Italiens et les Espagnols. Ces peuples, selon quelques auteurs, apprirent la culture du ver et le travail de la soie des Calabrais et des Siciliens; mais nous pensons, avec d'autres écrivains, que ce furent les Arabes qui communiquèrent aux Espagnols le secret d'élever le ver à soie, secret qui resta long-temps caché aux Italiens et aux Français.

On conjecture que cette industrie fut introduite en Provence par Robert le Sage, roi de Naples et de Sicile, comte de Provence, qui régnait vers le milieu du quatorzième siècle.

Les monumens historiques prouvent qu'en France on cultivait déjà le mûrier sous Louis XI, et que l'art de fabriquer la soie était déjà connu; mais il ne prit quelque développement que sous les premières années du règne de François Ier.

En 1521, des Français attirèrent des ouvriers de Milan, et établirent des manufactures de soie. Ils achetaient de l'étranger la matière qu'ils employaient. La culture des vers resta long-temps dans l'enfance.

Henri II est le premier roi de France qui porta une paire de bas de soie tricotée.

Ce genre de produit fut inventé en Espagne : les bas furent apportés de ce pays à Henri VIII et à Edouard VI, rois d'Angleterre.

§ IIe.

CULTURE DU MURIER.

Nous avons dit, au paragraphe précédent, que le mûrier était déjà cultivé en France sous Louis XI. Ses successeurs encouragèrent cette plantation, qui s'accrut sous la protection d'Henri IV. Ce prince donna lui-même l'exemple, et ses domaines particuliers se peuplèrent de cet arbre précieux. Cette culture n'avait pas, comme aujourd'hui, pour limite les rives du Rhône; elle prospérait dans la Touraine, aux environs d'Orléans, et même dans la Picardie.

Sous Louis XIV, elle prit un plus vaste accroissement. Colbert créa des pépinières royales, distribua des primes d'encouragement aux cultivateurs qui conserveraient, durant trois ans, les jeunes plants.

Les vues du monarque et les soins de son ministre eurent d'abord d'heureux succès; mais la routine reprit son empire, et les agriculteurs des provinces en deçà du Rhône abandonnèrent cette culture, croyant qu'elle ne pouvait atteindre, comme dans le Midi, un degré de prospérité qui leur présentât des bénéfices : préjugé funeste dont l'absurdité est démontrée par les faits.

Le mûrier se plaît dans tous les terrains sous les latitudes tempérées; et, si l'on excepte nos provinces de l'ouest et la partie la plus froide de celles du nord, il peut prospérer dans toute la France, et donner dans les localités les moins favorables une récolte plus productive que tous les autres genres de culture.

Il n'est pas de notre sujet d'indiquer les procédés propres à faire fleurir cette branche d'industrie agricole; il faut recourir, et nous devons renvoyer aux ouvrages des agronomes. Nous pensons cependant qu'on doit préférer le mûrier blanc cultivé en buisson.

Les Chinois nous offrent en cela un exemple utile à suivre. Tous les champs de la province de Tche-Kiang sont peuplés de mûriers nains, qu'on empêche de croître, plantés et taillés à peu près comme nos vignes. Ces arbustes donnent la meilleure qualité de soie, et en si grande abondance, que cette province pourrait seule fournir l'Inde et l'Europe entière.

Il appartient au gouvernement d'adopter les mesures les plus propres à généraliser chez nous cette utile plantation, afin d'affranchir nos fabriques du tribut qu'elles paient encore à l'étranger, et particulièrement au Piémont; et aussi pour atténuer le danger de la concurrence que l'Angleterre tend à nous opposer dans la fabrication des soieries.

Si le ministère différait plus long-temps d'aviser aux moyens d'étendre cette intéressante culture, on pourrait alors lui reprocher de trahir la confiance du monarque, et de sacrifier les intérêts de l'industrie française, qu'il est appelé à défendre (1).

---

(1) Nous apprenons que des primes sont accordées en Corse aux individus qui propagent la culture du mûrier; espérons que cet encouragement s'étendra à toute la France, et qu'une heureuse émulation, soutenue par la munificence du gouvernement, s'emparera des propriétaires et multipliera ces utiles plantations.

§ IIIe.

ÉDUCATION DES VERS A SOIE.

L'art d'élever les vers à soie a été parfaitement enseigné dans ces derniers temps par MM. Bonnafous et Dandolo. Leurs excellens traités sont des guides sûrs qui doivent être toujours dans les mains de ceux qui se livrent à cette industrie. Nous y renvoyons pour les détails, ne nous proposant ici que d'indiquer les principes généraux.

L'éducateur doit apporter tous ses soins au choix des œufs, vulgairement appelés *graine*. La bonne graine est d'un gris cendré lucide, nuancé de pourpre, tombe au fond de l'eau, s'écrase sous l'ongle avec craquement, et donne une liqueur visqueuse, dont toutes les parties sont parfaitement adhérantes. Le papillon, sorti du cocon, faisant sa ponte en été, il faut apporter des soins minutieux et toujours attentifs à la conservation de la graine jusqu'au printemps suivant; la préserver de la chaleur qui la ferait éclore, du froid excessif, qui tuerait l'embryon; ne point presser la graine dans les sachets qui la renferment, et l'exposer par intervalle au contact de l'air, en la préservant de toute humidité. Des caves sèches sont très-propres à la conservation de ce précieux dépôt.

Au printemps, avant de se disposer à faire éclore les œufs, on s'assure de l'état des mûriers, afin de faire coïncider cette opération avec le développement des feuilles. Dans les latitudes tempérées, on choisit habituellement la mi-avril. La couvaison varie selon les lieux; le meilleur procédé consiste à faire éclore dans une pièce où la chaleur est entretenue par le feu à dix-huit degrés de Réaumur; ou encore, au moyen d'une petite étuve, qu'on appelle *couveuse*, où l'air extérieur se renouvelle et circule parmi les graines, et qui s'échauffe, soit par le moyen de l'eau et d'une lampe comme la veilleuse, ou par le moyen d'un réchaud.

Une once de graine donne trente à quarante mille vers à soie, qui, dans leur courte carrière, croissent mille fois de volume et de poids; et auxquels il faut, pour les conduire à leur entier développement, huit à dix quintaux métrique de feuilles. Cette quantité de vers, bien administrée, produit de soixante-quinze à cent livres de cocons.

Le ver une fois éclos réclame de nouveaux soins, que nous ne saurions détailler sans nous écarter du cadre que nous nous sommes tracé. Nous insistons sur la nécessité de laisser pénétrer le jour dans les *magnoderies*, tout en garantissant l'industrieux insecte de l'action directe et de la réfraction du soleil; d'y établir des courans d'air de bas en haut; d'y maintenir une chaleur tempérée, de les préserver des vents du sud et de l'ouest, surtout en temps de pluie; d'en purifier l'air par une combinaison de manganèse, de muriate de soude et d'acide vitriolique, et non par des fumigations d'herbes aromatiques, qui, en répandant une certaine humidité, altérerait la santé du ver; enfin d'y entretenir la propreté par le renouvellement des litières, et de veiller au bon choix et à l'exacte distribution de la feuille.

On doit particulièrement s'appliquer à propager la race des vers à soie blanche, apportée de la Chine en France sous Louis XVI; perfectionnée tout récemment par M. Poidebard de

St.-Alban, qui en a obtenu une soie blanche native, qui l'emporte, pour la qualité, sur les soies de la Chine, de l'Italie, de l'Espagne, du Languedoc, de la Provence et du Dauphiné. Le ver à soie blanche est aussi robuste que le ver à soie jaune. Un judicieux observateur ajoute qu'il file même plus nerveux, qu'il devance ce dernier de quelques jours, qu'il échappe, par son activité, à l'influence des vents du sud, qui soufflent avec violence dans certaines latitudes à l'époque où le ver se prépare à faire son cocon. Le cocon se file aussi-bien que le jaune, et sa soie est susceptible de prendre des couleurs bien plus vives que celles des premiers. Le décreusage, étant plus facile, emploie moins de temps et moins de combustibles; enfin la nature, qui n'abandonne jamais ses droits, couvre d'une teinte jaunâtre l'étoffe blanche, ou de couleur vaporeuse, qui a été fabriquée avec de la soie primitivement jaune, tandis que celle qui a été fabriquée avec de la soie blanche de sa nature reste toujours telle.

§ IV.

FILATURE.

Nous passons sur la manière de dévider le cocon, mais non sans rendre hommage à M. Gensoul, inventeur d'un appareil qui a perfectionné la filature de la soie, et dont nous recommandons l'emploi comme préférable à tous les autres procédés.

Le gouvernement anglais, qui ne néglige aucun moyen de s'assurer la supériorité dans tous les genres d'industrie, a, par des encouragemens, excité au perfectionnement des machines propres à l'ouvraison des trames et organsins, genre d'industrie qui ne s'est amélioré chez nous que par l'activité des particuliers, sans le concours du gouvernement.

§ V.

FABRICATION.

Nous avons vu, dans le premier paragraphe de cette section, que c'est de la Chine qu'est venu l'art de fabriquer la soie.

En France, les premières manufactures de soie s'établirent à Tours, sous Louis XI. François Ier. fonda celles de Lyon, que les encouragemens d'Henri IV multiplièrent. Cette industrie fit d'immenses progrès sous l'influence du sage et prévoyant Colbert. Ce grand ministre y donna tous ses soins; il en avait reconnu toute l'importance, il avait calculé tous les avantages que la France devait en recueillir. Sous son ministère, Lyon posséda jusqu'à dix-huit mille métiers. Tours compta 700 moulins pour dévider et préparer la soie, et 8000 métiers pour fabriquer les étoffes. Mais en 1698, (15 ans après la mort de Colbert), il y avait à peine 4000 métiers à Lyon, et à Tours 70 moulins, 1200 métiers et 4,000 ouvriers.

Depuis 1800 cette fabrication a pris un prodigieux accroissement; Lyon a perfectionné tous les genres de soiries par l'activité de ses fabricans, l'habilité de ses teinturiers et le génie de ses artistes.

En 1789, cette ville occupait 7500 métiers et 12700 ouvriers; en 1800, 3500 métiers et 5800 ouvriers; en 1812, 10720 métiers et 15500 ouvriers; en 1824, 26200 métiers et 34000 ouvriers.

Ainsi cette industrie s'est accrue, à Lyon, depuis 24 ans, dans la proportion de 2 à 15.

Il en est de même à Nismes, à Ganges, à Saint-Chamont, à Saint-Étienne, à Saint-Didier, à Avignon.

Paris, depuis quelques années, a des fabriques de soie renommées.

La France occupe, en ce moment, environ 60 à 72 mille métiers et 120 mille ouvriers. Le produit brut de l'industrie des soies en France peut être évalué, en ce moment, à 200 millions de francs.

Cet accroissement de fabrication de soiries ne s'est pas seulement fait sentir en France, mais en Italie, en Suisse, sur les bords du Rhin et dans le Brandebourg. Quant à l'Espagne, ses déchiremens politiques ont entraîné la ruine de ses manufactures; ses voisins se sont enrichis de ses pertes,

Cet accroissement de prospérité ne s'est fait ressentir nulle part avec autant d'énergie qu'en Angleterre. Au milieu du dix-huitième siècle, la fabrication des soies y était encore dans l'enfance; aujourd'hui elle donne un produit annuel qu'on évalue à 255 millions de francs. Ce grand résultat, qui nous menace d'une si dangereuse concurrence, est dû à l'activité, à l'émulation des Anglais : nobles passions entretenues et excitées par la vigilance d'un gouvernement toujours attentif à développer chez lui tous les élémens de travail, de richesse, et de prospérité. L'application des moyens mécaniques à la fabrication des soies, en a accéléré les progrès. Une navigation maîtresse de toutes les mers procure d'immenses débouchés et facilite l'exportation des produits manufacturés; de même qu'elle apporte, à peu de frais, du Bengale, la matière sur laquelle s'exerce cette industrie. Le Bengale, en effet, livre aux Anglais une immense quantité de soie à un prix infiniment inférieur à celui des soies d'Italie. On fait annuellement au Bengale deux récoltes de soie; mais elle n'a pas la qualité de nos soies d'Europe. Elle manque de nerf et d'élasticité; elle est molle et cotonneuse, moins brillante, moins légère, et se prête moins bien que les nôtres à l'adoption des couleurs éclatantes et aux nécessités de la fabrication (1). Malgré ce désavantage, la rivalité des Anglais n'en est pas moins redoutable pour nous; ce danger a été signalé par d'excellens esprits, tels que M. de Vaublanc, M. Ch. Dupin, observateurs judicieux, amis de la prospérité de leur pays, et qui ont provoqué l'attention du gouvernement français sur la nécessité de recourir promptement aux moyens d'empêcher la chute de cette branche de nos richesses. L'encouragement, par des primes, de la culture du mûrier est, selon nous, un des premiers moyens qu'il convient d'adopter si nous ne voulons pas nous laisser vaincre par l'activité de nos rivaux.

Les fabricans français doivent chercher également à lutter d'économie avec les Anglais. Pourquoi ne fabriqueraient-ils pas quelques

(1) Il faut excepter cependant les soies qu'on nomme *cossimbusard* et *commercolly*, qui sont de bonne qualité.

soieries légères pour satisfaire la vanité des fortunes médiocres et le goût d'un sexe frivole, tout en continuant à produire ces beaux et riches tissus, aussi remarquables par leur solidité que par leur éclat, et si justement recherchés par la classe opulente.

M. Dupin nous conseille d'aller dans l'Inde et dans les îles qui l'avoisinent, pour acheter la soie au même prix que les Anglais. Cette navigation, que rien n'entrave en ce moment (1), est sans doute profitable sous plusieurs rapports; mais n'a-t-elle pas de graves inconvéniens ? elle pourrait cesser tout à coup par la rupture de la paix, et, par-là, déranger tous les calculs et bouleverser les fortunes; en prenant de l'accroissement elle porterait un coup mortel à la culture de nos mûriers et à la récolte de la soie indigène : avantages que le gouvernement doit spécialement protéger, afin que notre sol puisse un jour suffire, par lui-même, aux besoins de nos manufactures de soieries, et nous affran-

(1) L'ordonnance royale du 13 juillet 1825 permet l'introduction des soies grèges de l'Inde par navire français seulement, moyennant un droit de 50 cent. le kilogramme.

chir du tribut que nous payons encore aux étrangers.

§ VI.

LÉGISLATION.

Un édit de 1540 établit un droit de douanes sur les soies teintes et cuites, tirées de l'Italie, de l'Espagne, et du comtat Venaissin; et ordonna que les étoffes de soie venant de l'étranger fussent conduites à Lyon, pour y acquitter les droits, qui étaient de 5 pour cent, *ad valorem*, lorsque la marchandise devait être consommée dans le royaume, et de 2 pour cent lorsqu'elle passait en transit. Les étoffes de soie des fabriques de Tours étaient sujettes au tarif de la douane de Lyon. Une déclaration de 1564 ordonnait également le transport à la douane de Lyon des tissus, ouvrages d'or, d'argent et de soie.

Henri III confirma, en 1585, ces réglemens, et prescrivit même de faire passer par la douane de Lyon les soies, poils de chèvre, et autres marchandises du Levant.

Plus tard, le commerce obtint la facilité de payer les droits de la douane de Lyon à l'entrée du royaume, excepté pour les soies, qui devaient toujours être conduites à Lyon.

TARIF DE 1664.

Entrée.

Dentelles de soie, la livre.	4 liv.
Draps de soie, velours, satin et damas, affetas, serges, tabis et autres draps de soie, la livre.	3
Toile de soie, la livre.	9
Soie crue, le cent pesant	16
Soie à coudre, la livre	1

Sortie.

Soie crue, la livre	1 liv.
Soie cuite, teinte et à coudre, de toute sorte de couleurs. . . .	12 s.

TARIF DE 1667.

Crêpes lisses et autres, 30 p. 0/0.	
Dentelles de soie et guipures, venant de Flandre et d'Angleterre, la livre	8

L'obligation de conduire les soies et soieries à la douane de Lyon, était un de ce obstacles nés de l'esprit de fiscalité; le système des fermes le maintint trop long-temps : il ne fallait rien moins qu'une révolution pour faire disparaître ce privilége.

L'assemblée constituante, par son tarif du 15 mars 1791, imposa ainsi les soies :

À l'entrée.

Etoffes de soie.	unies, la livre.	7 liv.	10 s.
	brochées sans or ni argent.	9	
	avec or et argent fin. . . .	15	
	mêlées d'autres matières sans or ni argent.	6	
	mêlées avec or et argent fin	8	
Soies.	grèges de toutes sortes, la livre.	»	10 s.
	douppions	»	5
	ouvrées en trame, poil et organsin.	1	»
	à coudre, crue.	1	»
	teintes.	1	10
	en cocons et bourre de soie de toutes sortes.	»	»
	bourre de soie cardée, la la livre.	»	8

Les soies ci-dessus dénommées, le fleuret et la filoselle, furent prohibés à la sortie du royaume.

TARIF DE 1822.

			Entrée.		Sortie.
			par navires français.	par navires étrangers et par terre.	Droits.
Soies	en cocons		100 kil.	1 fr. 00 c.	1 fr. 10 c.	prohibés.
Soies	écrues. grèges.	douppions	1 kil.	0 51 c.	0 51	prohibés.
Soies	écrues. grèges.	autres de toutes sortes	1 kil.	1 02	1 10	prohibés.
Soies	écrues. moulinées. (1)	douppions	1 kil.	0 51	0 51	prohibés.
Soies	écrues. moulinées. (1)	autres de toutes sortes	1 kil.	2 04	2 20	prohibés.
Soies	teintes		1 kil.	3 06	3 30	prohibés.
Etoffes pures	unies		1 kil.	16 00	17 60	0 02
Etoffes pures	façonnées		1 kil.	19 60	20 90	0 02
Etoffes pures	brochées. de soie	fin.	1 kil.	31 00	34 10	0 40
Etoffes pures	brochées. d'or et d'argent	faux.	1 kil.	prohibées..	......	0 04

(1) La libérale Angleterre impose les soies organsinées teintes ou non à 7 sch. 6 d. la livre; droit six fois plus élevé que le droit du tarif français ! ! !

Le rapprochement des documens qui précédent nous conduit à remarquer que, malgré les développemens de cette industrie, les calculs de Colbert forment encore, après 160 années, la base du tarif actuel. Une différence existe : Colbert n'avait pas prohibé les soies-*matières* à la sortie, il s'était borné à les imposer à un droit de 12 à 20 sols la livre. Dans l'état où se trouvait alors la fabrication des soies en Europe, ce droit était suffisant pour retenir en France les soies indigènes. L'assemblée constituante, que l'on n'accusera pas de fiscalité, ni d'idées étroites, crut que la situation des manufactures de soieries dans les pays voisins, où la récolte des soies était cependant beaucoup plus abondante qu'en France, réclamait une mesure conservatrice plus efficace; elle prononça la prohibition absolue. Cette mesure, maintenue par le tarif de 1822, semble être commandée plus impérieusement aujourd'hui, que les manufactures anglaises ont prit un immmense développement. Nos soies indigènes sont à un prix plus élevé que celles dont l'Angleterre s'approvisionne, au Bengale; mais on a craint, non sans quelque motif, que les Anglais ne fissent des sacrifices pour enlever à nos fabriques l'élément de leur prospérité. Cette crainte est peut-être exagérée; mais lorsqu'on est en présence d'adversaires si puissans et si habiles, la prudence conseille la circonspection et ne désavoue même pas la timidité, qu'elle décore alors du nom de sagesse.

Si jamais, adoptant les améliorations que nous avons proposées, la France enrichit son sol de nombreuses plantations de mûriers, et se procure chez elle d'abondantes récoltes de soie, alors le danger que nous venons de signaler aura cessé, et la prohibition qui nous occupe sera réprouvée: un droit de sortie, en rapport avec les besoins du temps, satisfera à tous les intérêts.

§ VII.

ÉTABLISSEMENT D'UNE PRIME DE SORTIE.

Nous avons déjà éveillé la sollicitude du gouvernement sur la nécessité d'encourager la plantation du mûrier et l'éducation du ver à soie; nous ajouterons, pour compléter ce système d'amélioration qu'il serait utile d'établir une prime de sortie sur les étoffes de soie, en la calculant sur les droits d'entrée qui grèvent la matière.

Si on objecte que cette prime, comparée à la valeur de l'étoffe, serait d'un faible intérêt, nous répondrons qu'en fait de commerce rien ne doit être négligé; que le plus petit recouvrement a un but utile, et produit toujours un bien; d'ailleurs les étoffes de soie pleines, telles que les velours, les draps, les satins, etc., s'expédient sous un volume et un poids assez considérables pour que le remboursement du droit acquitté sur la matière, présente encore un produit d'une sensible importance.

En effet, les soies moulinées sont imposées à 2 fr. 20 c. le kilogramme, et les soies teintes à 3 fr. 30 c.

La prime, pour 100 kil. d'étoffes de soie naturelle, serait de 242 fr., de soie teinte, de 363 f.

Cet avantage couvrirait et au-delà les frais d'emballage, de transport, etc.

Le décreusage entraîne un déchet de près d'un quart du poids de la soie grège; il serait juste d'en tenir compte et d'élever la prime en proportion, si l'on trouvait un moyen sûr de reconnaître, à la seule inspection des étoffes, celle qui aurait été fabriquée avec des soies décreusées.

Ce moyen, tout faible qu'il paraît, imprimerait un nouveau mouvement à l'exportation de nos soieries ; nous le livrons aux méditations bienveillantes de l'administration.

SIXIÈME SECTION.

FERS.

Chez les Athéniens les mines étaient une propriété de l'Etat. Au temps de la république romaine, elles appartenaient au propriétaire du sol; il en disposait librement comme de ses autres revenus; celui qui en faisait la découverte n'y avait aucun droit, à moins qu'il ne les eût trouvées dans des terres désertes et abandonnées.

Cette jurisprudence fut changée sous les empereurs, qui s'attribuèrent des droits sur les mines en quelque lieu que la découverte eut été faite.

Dans les Gaules, les Romains s'étaient réservés les richesses minérales, en ne laissant au propriétaire que la superficie.

Nos rois de la première et de la seconde race levèrent des droits sur les produits des mines.

Quelques seigneurs ayant élevé des prétentions sur le *dixième* du produit des mines situées dans leur jurisdiction, Charles VI, pour reprimer les envahissemens féodaux, déclara par lettres-patentes du 30 mai 1413, qu'à lui seul, et pour le tout, appartenait la dixième partie des métaux tirés des mines.

Ces lettres-patentes furent confirmées successivement par les édits de Charles VIII, des mois de février et de novembre 1483; les lettres-patentes de François Ier., des 29 décembre 1519, 18 octobre 1521; de François II, du 29 juillet 1560; et par la déclaration de Charles IX, du 26 mai 1563.

Ces différens titres portent qu'il ne pourra, sans permission du roi, être ouvert aucune mine d'or, d'argent, de cuivre, acier, fer et autres substances minérales.

Henri IV, par un édit de juin 1601, confirma à son profit le droit de dixième sur les mines et miniaires; mais il en excepta celles de fer, de souffre, etc.

Le même prince institua des commissaires chargés de lui rendre compte de l'état des mines et de la fabrication des fers; de lui proposer les moyens de rendre à cette branche d'industrie l'activité qu'elle avait perdue par les calamités des guerres civiles. La France était réduite alors à tirer de l'étranger la quincaillerie, dont auparavant elle approvisionnait les contrées voisines. On proposa divers moyens, et particulièrement une marque royale pour distinguer les fers aigres des fers doux.

Ce projet, conçu dans l'intérêt de l'industrie, fut mis à exécution sous Louis XIII, en 1626, dans des vues purement fiscales.

Ainsi se dénaturent les meilleurs conceptions lorsqu'un autre esprit préside à leur exécution. Henri IV et Sully travaillaient au bonheur des peuples; Richelieu ne songeait qu'à sa propre grandeur; et ce fut pour subvenir aux nécessités de la guerre qu'il mit en vigueur une idée enfantée pour le bien-être d'une branche essentielle d'industrie.

Les arrêts du 20 juin 1631 et 16 mai 1635, imposèrent les gueuses et les fontes à 6 liv. 8 sols par quintal.

On n'avait point imposé le minerai, mais un autre arrêt en prohiba la sortie.

Ces différens réglemens servirent de base à l'ordonnance de 1680, fixant le droit de marque sur les fers, aciers et mines de fer.

Le tarif du 15 mars 1791 imposa le fer en barre étranger au droit de 2 fr. les cent kil., droit qui fut doublé par la loi du 30 août 1806.

Ces taxes eussent été une faible protection pour nos forges, si l'état permanent de guerre maritime, et ensuite les décrets de Berlin et de Milan n'eussent empêché l'introduction des fers du nord et de l'Angleterre.

A la faveur de cette prohibition de fait, cette industrie, qui comptait en 1789 deux cent-deux hauts fourneaux et soixante-seize forges où le minerai était traité à la Catalane, avait, en 1818, deux cent-trente hauts fourneaux et quatre-vingt-six forges; en 1789, sept cent-quatre-vingt-douze feux d'affinerie; et en 1818, huit cent-soixante et un feux d'affinerie.

M. Noël, maître de forges, a avancé, dans une lettre publiée dans le *Journal du Commerce*, que la France possédait en 1822 mille cinq cents hauts fourneaux et deux mille huit cents affineries.

L'industrie qui s'exerce sur ce minéral occupe en ce moment environ deux cent mille ouvriers, et produit annuellement 250 millions de francs.

Les fers en barres, suivant les manipulations, furent imposés par la loi de 1814, aux droits de 15 fr. à 40 fr. le quintal métrique, et par la loi de 1822, aux droits de 25 à 50 fr.

Le nombre de nos forges et de nos fourneaux s'est accru à l'ombre de ces lois, et cependant le prix du fer est resté à un taux qui peut paraître gênant pour notre agriculture et pour les arts, dont il est l'agent principal. Avant la révolution, le bas prix de la main-d'œuvre et du bois des forêts donnait à nos forges les moyens de soutenir la concurrence étrangère; mais la dévastation des forêts dans les temps de troubles éleva le prix du combustible et augmenta nécessairement celui de la production; la prohibition de fait, dont nous avons parlé, le blocus continental et les tarifs élevés adoptés après la restauration ont concourru à soutenir le renchérissement des fers.

Si nos maîtres de forges obtiennent, en maintenant l'élévation de leurs prix, un bénéfice qui dépasse l'intérêt commercial de leurs capitaux, la portion de ce bénéfice, excédant le gain raisonnable, est une charge prélevée sur les consommateurs, charge qui doit nécessairement gêner l'agriculture et les arts, dont le fer est l'aliment indispensable. Le gouvernement doit donc s'attacher à connaître le taux réel auquel nos forges peuvent livrer leurs fers en se procurant un bénéfice modéré; il doit prendre des mesures pour que ce taux ne soit pas dépassé. On atteindrait ce but, par des tarifs combinés à la fois dans l'intérêt des maîtres de forges et dans ceux de l'agriculture et des arts, en favorisant l'introduction des fers étrangers, lorsque les gains des producteurs seraient considérables et en relevant les taxes, si l'équilibre, qu'il est essentiel de maintenir entre le prix des fers étrangers et des nôtres, venait à se rompre au détriment de la production nationale.

CHAPITRE III.

COMMERCE.

On a vu, dans le début de notre partie historique, comment s'établirent les premières relations de négoce de peuple à peuple : il serait oiseux de rentrer dans la discussion de cette origine, de même que d'indiquer comment se firent les premiers échanges d'individu à individu. Les esprits les plus profonds n'ont émis sur cet objet que des idées purement conjecturales, et ce qu'on nous demande ici c'est du positif, autant que peut le comporter cette matière, naturellement abstraite.

Le commerce semble avoir des intérêts opposés à ceux de l'agriculture et des fabriques ; celles-ci prospèrent à l'abri des lois sagement restrictives ; l'autre vit de liberté ; quelques-uns veulent même que cette liberté soit illimitée. Examinons si l'application de cette maxime : *Laissez faire*, *laissez passer*, serait utile aux nations; et pour rendre notre démonstration plus sensible, prenons pour exemple notre pays. Supposons qu'obéissant à la voix des sectateurs de Turgot et de Smith, le gouvernement lève les restrictions qui repoussent de nos marchés les draps, les tissus et étoffes de laine de toute espèce, les tissus de coton; qu'il affranchisse des droits les soieries étrangères, les toiles, le linge de table, les fers; qu'arrivera-t-il alors? Les Anglais, attentifs à profiter de toutes les chances qui favorisent les envahissemens de leur commerce et de leur puissance industrielle, s'empresseront d'inonder la France de leurs draps, de leurs alpines, casimirs, tricots de laine; de leurs piqués, de leurs perkales, de leurs toiles légères de coton, de leurs soieries. Les Suisses, chez qui la main-d'œuvre est à si bas prix, feront irruption par nos frontières de l'est, et nous encombreront de leurs toiles peintes, de leur perkale et de tout ce que produit leur active industrie. La Belgique et la Hollande encombreront nos marchés de toile de lin, de linge de table, de draps de Verviers, d'Aix-la-Chapelle, dont la concurrence est déjà si redoutable à nos manufactures. Quelles seraient les conséquences d'une pareille invasion? D'abord, la baisse subite des prix des produits français similaires de ceux introduits, la gêne des fabricans, la diminution du travail, les métiers sans activité, des millions de bras sans emploi, et bientôt la ruine entière de ces belles manufactures qui couvrent et enrichissent le territoire de la patrie.

Qu'on ne vienne pas nous dire que nous exagérons ; que nos fabriques pourraient baisser leurs prix et lutter avec l'industrie rivale, au moyen d'un droit dont les produits anglais seraient frappés à leur introduction. Mais déjà on abandonne la liberté absolue, puisqu'on parle d'un droit protecteur. Eh bien! malgré ce droit, je tremblerais encore pour le sort de nos manufactures, même pour celles de Louviers et de Sedan, qui se croient à l'abri de la concurrence. Oublie-t-on sitôt les manœuvres des Anglais en 1786? ne sait-on pas que des sociétés se sont formées spontanément à Londres pour conquérir des continens entiers? Le lendemain de la promulgation du code laconique, *Laissez faire, laissez passer*, ou même d'un traité de commerce basé sur des tarifs, une compagnie surgirait dans la cité, et ferait avec joie le sacrifice de quelques millions sterlings pour jetter chez nous ses produits de toute espèce, afin de précipiter la chute des fabriques françaises, sûre qu'elle serait, en définitive, de récupérer au centuple quelques pertes momentanées.

Ce serait en vain qu'on voudrait remédier au mal, en revenant aux principes conservateurs des intérêts créés par les lois restrictives. On pourrait en borner les effets, mais il serait impossible de réparer les désastres déjà consommés. Les plus hauts intérêts politiques sont engagés dans cette question. Quelle est l'imagination qui ne s'épouvanterait pas à l'idée des scènes tumultueuses de ces masses d'ouvriers soulevés par l'oisiveté, révoltés et poussés par la faim aux plus déplorables excès!

Mais, dira-t-on, si les fabriques que nous venons d'énumérer éprouvent une diminution de travail, et peut être même une ruine entière, d'autres (prenant toujours la France pour exemple), telles que l'orfévrerie, la bijouterie, la belle horlogerie, les bronzes dorés et tous les articles de goût et de mode, trouveraient, par la liberté du commerce entre les nations, d'immenses débouchés qui donneraient une grande impulsion à leur développement; mais avant d'éprouver les avantages de la mesure, la ruine des autres fabriques serait déjà consommée. L'orfévrerie, la bijouterie, la belle horlogerie, etc., ne forment pas un produit annuel de 130 millions; et lors même que la liberté le ferait doubler en quelques années, cette augmentation serait bien faible, comparée à l'immensité des pertes qu'essuieraient nos manufactures de laine, de coton, et nos forges, dont le produit s'élève annuellement à plus de 700 millions, et qui possèdent un capital, en objets de toute nature, de 3 milliards environ.

Nos vins et quelques autres productions de notre sol s'écouleraient plus abondamment; mais ce surcroit de vente serait loin de combler le déficit immense qu'occasionnerait l'inaction de ces manufactures.

Les ouvriers des fabriques trouveraient de l'emploi dans d'autres branches d'industrie et dans l'agriculture : vain espoir! chimérique compensation! comme si des masses d'hommes pouvaient passer spontanément et sans secousse d'un travail régulier à des occupations contraires à leurs habitudes de tous les momens. Ces métamorphoses sont de vaines illusions : autant dire qu'il suffirait de parler pour que l'horloge mesurât les degrés de la température, et pour que le thermomètre marquât les heures du jour.

Ainsi la liberté illimitée du commerce, ou, en d'autres termes, le renversement des barrières qui séparent les peuples entre eux est une pensée sortie d'un cœur ami de l'humanité, une brillante utopie, semblable à celle du bon abbé de saint Pierre, et qui même ne pourrait s'accomplir qu'autant que la paix universelle de ce philantrope lui servirait de fondement : mais, dans l'état actuel des sociétés du monde policé, ce système généreux n'est qu'une chimère : et comment, en effet, pourrait-elle devenir une réalité, quand presque tous les peuples devenus industrieux et manufacturiers ont des intérêts créés à conserver et à défendre, quand tous les peuples luttent d'activité et combattent de prohibitions.

Le renversement des barrières ne pourrait s'effectuer sans secousse et sans dommage, pour certaines contrées, qu'autant que toutes les nations seraient restées dans leur état primitif, que chacune ne s'occuperait que des choses naturelles à son sol ou privatives à sa position ; ou bien que les nations seraient parvenus au même degré d'industrie, au même niveau de prospérité commerciale, au même état de puissance maritime. Qui pourrait opérer ces phénomènes? une grande révolution qui assujétirait tous les peuples aux mêmes impôts, qui fondrait tous les intérêts en un seul; qui les soumettrait aux mêmes lois, les attacherait au même sceptre; révolution dont la pensée est contraire à toutes les règles du possible, et qui ne serait autre chose que le retour du siècle fabuleux de l'âge d'or.

Mais c'est trop combattre un système d'illusion qui s'évanouit devant l'état actuel des intérêts des nations. Passons à l'examen du système opposé.

Des prohibitions trop multipliées, et des droits trop élevés sur les objets de commerce extérieur, peuvent entraîner aussi de graves inconvéniens.

Ou les gouvernemens sont à même de faire observer leurs lois restrictives, en entretenant sur pied des armées de douaniers, ou bien la nature même de l'objet prohibé échappe à la surveillance, et alors la loi est éludée.

Dans le premier cas, les prohibitions et les hautes taxes tendent à isoler les peuples les uns des autres; car l'étranger y répond par des représailles. Nous surtaxons les fers du nord, le nord repousse nos tissus et nos vins. Nous décuplons les droits sur les bestiaux étrangers; les pays de la rive gauche du Rhin, qui en approvisionnaient nos marchés, rejettent les produits de notre sol et ceux de notre industrie. Ce combat de tarif établit, au milieu de la paix, entre les peuples, une véritable hostilité; et cette guerre, pour être pure du sang humain, n'en a pas moins ses dangers (1). Elle altère entre les peuples les relations de bonne amitié et de bon voisinage, entretient l'esprit de rivalité; relâche, en isolant les nations, les nœuds de fraternité qui doivent unir les membres de la grande famille humaine, et peut briser les liens que

(1) Nous disons que la guerre de tarifs est pure de sang humain; cette proposition est vraie, prise généralement; mais on sait que la répulsion des objets prohibés ou fortement tarifés, entraîne quelquefois des luttes sanglantes entre les préposés à l'exécution de la loi et les individus qui cherchent à l'enfreindre.

les progrès de la civilisation tendent à resserrer.

Dans le cas où les frontières ne peuvent être suffisamment gardées, où la loi est enfreinte, les prohibitions et les tarifs élevés ont le double inconvénient d'établir une prime en faveur des contrebandiers, de changer une partie de la population en fraudeurs, enlevés à des occupations utiles et morales, et d'accoutumer les peuples à mépriser la loi : conséquence déplorable, que doit prévenir tout gouvernement désireux de conserver son honneur et sa dignité, et jaloux d'assurer le bien-être de ses sujets.

Ainsi, dans les rapports commerciaux, la liberté illimitée, des prohibitions trop multipliées et des droits excessifs sont également nuisibles aux intérêts respectifs des nations.

L'Angleterre, sous Élisabeth, est entrée la première dans la voie des prohibitions. La France, l'Espagne, la Suède, le Danemarck et quelques états d'Allemagne s'y sont successivement engagés. L'Autriche les a suivis, et marche dans ce système depuis plus de cinquante ans. La Russie même, depuis qu'elle a importé chez elle diverses branches d'industrie, les a protégées par des droits élevés, ensuite par des prohibitions absolues.

Les républicains des États-Unis ont élevé successivement les droits de leurs tarifs sur les articles étrangers, dont ils produisent les équivalens : ainsi, tous les peuples, si l'on en excepte la Turquie, qui ne produit pas, et la Suisse qui produit au plus bas prix, ont suivi l'exemple de l'Angleterre.

Les faits sont trop patens pour qu'on puisse nier que c'est à l'ombre des lois restrictives qu'ont fleuri tous les genres d'industrie. L'exemple même de la Suisse ne prouve rien contre la règle ; car la Suisse est un peuple privilégié qui, tout en suivant le mouvement de civilisation, a conservé sa simplicité primitive, sa pureté républicaine ; puissantes sauve-gardes, qui l'ont préservée de l'invasion du luxe et du fléau des impôts.

L'Angleterre a proclamé, dans ces derniers temps, des maximes très-libérales en fait d'économie politique. Le président de son bureau de commerce a proposé de modifier le tarif actuel (1) à l'égard d'un certain nombre

---

(1) Ces modifications ont été adoptées par le Parlement, sanctionnées par le Roi Georges IV le 5 juillet 1825.

de produits ; et de réduire les droits de 50 et de 75 pour 0/0, qui affectaient les articles de fabriques étrangères, à 10, 20 et 30 pour 0/0 ; adoptant ce dernier taux comme maximum pour les articles de luxe.

Ce serait une erreur de penser que l'Angleterre a adopté ces mesures dans la vue de favoriser l'industrie et le commerce étrangers ; elle s'y trouve entraînée par la nécessité de satisfaire aux nouvelles relations qu'elle s'est ouverte dans l'Amérique espagnole ; et auxquelles toute l'activité de ses fabriques ne peut suffire. Elle attire donc chez elle les produits exotiques, pour les réexporter elle-même, et se réserver par-là les bénéfices de fret et de commissions. Cette tactique est fort habile, et tend à lui conserver le monopole de la navigation du monde entier. C'est par une conséquence de ces mêmes vues, qu'elle se propose de faire un port franc de la Jamaïque, afin d'y établir, à son profit, l'entrepôt général du commerce du Nouveau-Monde.

Quant à la réduction de 14 s. 8 d. à 7 s. 6 d. des soies organsins teintes ou non ; cette mesure était commandée par les besoins, bien entendus, de ses manufactures de soie ;

quant aux produits des manufactures étrangères, leur admission dont nous venons d'indiquer le motif, ne lui présente aucun danger, puisqu'elle produit elle-même presque tout à moindre prix ; et à qualité égale. Ainsi, les modifications qu'elle se propose d'adopter sont au moins sans inconvéniens pour elle ; et elle espère bien, nous n'en doutons pas, qu'elles seront sans profit pour les autres nations. Sur ce dernier point, on doit s'en rapporter à l'activité de ses citoyens et à l'habileté de ses administrateurs.

Les vins français ont été réduits de 14 sch. à 7 sch. 6 d. le gallon ; taxe énorme, qui n'en favorisera guère la consommation dans leur île.

L'Angleterre a toujours été fort adroite dans ses combinaisons, et fort redoutable dans ses relations ; il faut y prendre garde et ne pas se se laisser aller au piégé qu'elle peut tendre, et dans lequel on pourrait se jetter par une imprudente manie d'imitation, ou par un retour de procédés dont on aurait bientôt à se repentir.

Le but que doit se proposer une bonne administration est de combiner les mesures qui touche aux différens élémens de la fortune publique, l'agriculture, les manufactures et le commerce, de façon qu'ils marchent simultanément, sans se heurter et en se prêtant un mutuel appui; de même que les ressors divers qui mettent en activité une grande machine, se meuvent tous à la fois, sans qu'aucun d'eux ne trouble la force d'harmonie qui les anime.

Nous croyons avoir démontré, en traitant de l'agriculture et des fabriques, qu'elles peuvent se prêter à une sage liberté dans le rapport des peuples entre eux. C'est cette même liberté qui convient au commerce; car, moins il existe de restrictions, plus sont multipliés les objets sur lesquels s'exerce les spéculations de négoce. Si les tarifs sont trop élevés, ils gênent la revente des objets qu'ils affectent et paralysent, par là, les transactions commerciales. Ainsi, un petit nombre de prohibitions en faveur de l'industrie, qui ne peut soutenir la concurrence étrangère avec des droits, et, en général, des taxes modérées, voilà ce qui convient à la fois à l'agriculture, à l'industrie manufacturière et aux grandes relations commerciales. Dans l'intérêt de la France, notre patrie, nous plaçons l'Angleterre en dehors de ces règles : il importe d'agir envers cette puissante rivale avec une extrême circonspection.

Les gouvernemens ont plusieurs moyens de neutraliser l'effet des taxes par les crédits, les primes, les entrepôts et les transits.

CRÉDITS.

On n'accorde les crédits que pour les droits d'un très-petit nombre d'articles; mais on reçoit comme comptant des mains des contribuables des traites suffisamment cautionnées à plusieurs mois de date, ce qui est une espèce de crédit, et donne le temps de tirer parti de la marchandise avant d'en acquitter réellement le droit en numéraire.

PRIMES.

Le but des primes est de rembourser à la sortie des objets fabriqués la quotité des droits perçus, à l'entrée, sur la matière employée à la confection de ces mêmes objets, et de placer par là le producteur national vis à vis de l'étranger, dans l'état où il serait si la matière première employée par le manufacturier était franche de tout droit. Elles ne doivent pas aller au delà, car si elles étaient une gratification, elles produiraient des effets contraires à ceux qu'on en attend.

ENTREPOTS.

Les entrepôts sont un des bienfaits de Colbert.

On distingue l'entrepôt *réel* et l'entrepôt *fictif*. Le premier est accordé dans un magasin général sous la clé de la douane ; tel est celui qui existe dans les principaux ports et dans la ville de Lyon.

L'entrepôt fictif est formé dans les magasins mêmes des négocians, sous soumission de représenter les marchandises à toute réquisition de la douane et de payer les droits.

Dans les deux cas, le commerce a l'avantage de ne payer les droits que lorsqu'il livre les marchandises à la consommation intérieure ; cette faculté lui donne le temps de trouver des débouchés soit dans le pays même, soit à l'étranger ; dans ce dernier cas les marchandises sont réexportées en franchise. Lors même que cette réexportation s'opère par les ports d'introduction, il en résulte encore un certain bénéfice au profit du pays. Si la réexportation a lieu par terre, alors elle devient une opération de transit, objet dont nous parlerons dans le paragraphe suivant.

Le système des entrepôts, nouveau en Angleterre, n'est pas suffisamment développé en France. Il convient au gouvernement, d'entrer dans des voies plus larges et plus libérales, afin de faciliter les transactions commerciales, de briser les entraves qui gênent à chaque instant l'action du commerce et le tiennent pour ainsi dire emmailloté dans les langes de l'enfance. Les lois et réglemens sur cette matière méritent d'être révisés, corrigés, améliorés, appropriés aux besoins actuels du commerce pour que la faculté d'entrepôt ne soit plus un avantage que rendent illusoire les liens qui l'enchaînent. Il faut que chaque branche d'administration se ressente du progrès des lumières, que l'on sache reconnaître et employer les hommes dont les connaissances et les talents sont au niveau des besoins et des intérêts des peuples. Autrefois l'intrigue et la médiocrité s'appliquaient à retenir cachés dans des positions subalternes les hommes les plus propres à servir leur pays. La médiocrité était funeste par le mal qu'elle faisait; elle l'était plus encore peut-être par le bien qu'elle empêchait, en repoussant des hautes fonctions les hommes d'un vrai mérite. Ces dangers disparaîtront, n'en doutons pas, aujourd'hui que la loyauté et la gloire sont assises sur le trône.

TRANSIT.

On a vu, dans notre partie historique, que ce fut Colbert qui, pour vivifier les provinces intérieures, permit que les marchandises étrangères passassent à travers le royaume. C'est en effet un excellent moyen de prospérité puis qu'il accroît la consommation et augmente l'activité dans les contrées du centre, qui, sans le transit, seraient abandonnées à leurs faibles ressources. Il fait naître des maisons de commission, met en activité des établissemens de roulage, occupe les maréchaux, les charrons; verse le numéraire dans les plus minces villages, et anime des lieux qui sans lui seraient peut-être inhabités. Il importe que cet élément ne soit pas vicié dans sa source par l'esprit de fiscalité, qu'il soit environné de précautions propres à prévenir des versemens frauduleux; mais qu'il ne soit pas chargé d'entraves qui paralysent son mouvement ; qu'il soit libre de tout impôt, afin de l'encourager dans ses développemens : la moindre taxe ajoutée aux frais de transport peut l'altérer et porter les étrangers à s'ouvrir d'autres voies d'approvisionnement.

En France, on admet au transit les objets dont l'entrée est permise moyennant des droits; et cependant on punit, en certains cas, les contraventions aux réglemens de transit de la confiscation de la marchandise et du quadruple droit de consommation; condamnation excessive, injuste même. La consommation des objets de transit étant permise, pourquoi les confisquer? pourquoi aggraver encore cette peine par un quadruple droit, quand le droit principal seul suffirait pour garantir les intérêts du commerce intérieur? Vous voulez réprimer la mauvaise foi du délinquant; le paiement du simple droit, et, de plus, l'exigence d'une légère amende atteindraient le but que vous vous proposez; car la douane doit toujours être à même de reconnaître les soustractions ou substitutions qui pourraient avoir lieu ; puisque ses agens sont obligés de procéder, aux bureaux de sortie, à la vérification de la marchandise.

Nous désirons que cette remarque puisse être sentie par l'administration et amener la réforme des articles de la loi du 8 floréal an XI et du 17 septembre 1814, qui régissent cette matière.

Ces divers moyens, les *crédits*, les *primes*, les *entrepôts*, le *transit* et les *arrangemens commerciaux*, employés à la fois, concourent à fonder un système mixte, le seul qui soit en rapport avec les besoins actuels des sociétés.

TRAITÉS DE COMMERCE.

Les traités de commerce neutraliseraient l'effet des prohibitions et des taxes, s'ils ne portaient pas avec eux des dangers qui les font redouter, et les rendent peut-être impossibles entre certaines nations. Nous croyons, par exemple, avec plusieurs bons esprits éclairés dans la matière, et nous l'avons déjà fait remarquer, que la France ne saurait conclure un traité de commerce avec l'Angleterre sans voir bientôt périr les branches les plus prospères de son industrie. L'Angleterre a des ressources si multipliées, des capitaux disponibles si considérables, une industrie si développée et toujours si active, un commerce si vaste, une navigation si gigantesque et si envahissante, que l'on ne saurait envisager sans effroi les chances favorables que lui ouvrirait un accord de commerce entre elle et notre patrie. On doit se rappeler les funestes résultats du traité de M. de Vergennes. Que ce souvenir fixe l'attention comme un phare allumé sur un écueil pour avertir le timonier du vaisseau de l'état des dangers qu'il doit éviter.

Mais, s'il est dangereux de conclure des traités commerciaux, il est possible, et même avantageux pour les peuples, de faire des arrangemens pour quelques objets particuliers bien distincts. Alors la matière devenant moins complexe, on peut plus aisément lier les deux parties et entourer leurs transactions spéciales de garanties plus solides. C'est un moyen que les nations ne doivent pas négliger; nous engageons notre gouvernement à y recourir.

Nous ne terminerons pas cet ouvrage sans

unir nos vœux à ceux que les principaux négocians et manufacturiers du royaume ont fait parvenir au pied du trône d'un grand monarque. En France la production industrielle dépasse les besoins de la consommation; de là, le mal-aise qu'éprouvent un trop grand nombre de citoyens. L'agriculture réclame des encouragemens, nos vins demandent à l'étranger des acheteurs; la navigation n'a repris, depuis dix ans de restauration, qu'un faible essor. Pour satisfaire aux besoins de l'industrie et de l'agriculture, pour ranimer notre navigation, il nous faut de nouveaux débouchés. Où les trouverons-nous? La voix du monde répond : chez les nations naissantes de l'Amérique.

On a justement blâmé la révolution d'avoir proclamé cette maxime : *Périssent les colonies plutôt qu'un principe*. Ne pourrait-on pas adresser des reproches aussi mérités à la restauration, si elle s'obstinait dans cette autre maxime : *Périsse le commerce plutôt que l'abstraction de la légitimité !*

On ne doit pas sans doute encourager les révolutions ni soudoyer les révoltes, il faut même les combattre et les punir, quand on en possède les moyens. (1) Mais lorsque les révolutions sont consommées, que tout retour à l'ancien ordre de choses est pour jamais fermé, il est utile, il est légitime de profiter des chances favorables que présente au commerce la formation de nouveaux Etats. C'est là même un devoir pour tout gouvernement sincèrement dévoué aux intérêts des peuples ; et combien ce devoir doit être doux à accomplir pour le cœur d'un monarque père de ses sujets, entouré à la fois des prières qui lui révèlent leurs besoins, et des témoignages éclatans de leur dévouement, de leur fidélité et de leur amour. Charles X (2) voudra, nous n'en doutons pas, ajouter au surnon de *Bien-Aimé*, que nos cœurs lui ont décernée par acclamation, celui de restaurateur du commerce et de la navigation française; il fera taire des ménagemens que les circonstances condamnent, et que la politique même ne saurait plus conseiller. Il saura communiquer aux

(1) Nous raisonnons ici dans l'hypothèse où l'impossibilité de réduire les colonies espagnoles par les armes serait démontrée.

(2) Nous ferons observer que cet ouvrage fut envoyé au mois de juin à l'Académie de Lyon.

dépositaires de son autorité quelqu'étincelle de ce sentiment d'affection, de cette vive sollicitude, de ce tendre intérêt qu'il porte à ses peuples, et nous verrons entamer enfin des négociations sollicitées par les plus honorables organes de l'opinion, et reclamées par la nation toute entière ; des traités se feront avec les nouveaux Etats-Américains, et la France pourra entrer en partage dans l'approvisionnement de ces nations, aujourd'hui dévolu presqu'exclusivement à la navigation Britannique. Le pavillon français trouvera alors des agens protecteurs dans les ports de la Colombie, du Pérou et du Mexique, etc.; et nos navires, chargés pour ces contrées des produits qu'elles envient à notre sol et à notre industrie, reparaîtront sur les mers comme aux beaux temps où un Colbert, digne ministre d'un Louis XIV, tira du néant, et porta au plus haut point de prospérité, la navigation commerciale et la marine de la France.

FIN.

EXTRAIT du Catalogue de la Librairie du Commerce, chez RENARD, *rue Sainte-Anne, n° 71.*

CHRONIQUES NEUSTRIENNES, ou PRÉCIS DE L'HISTOIRE DE NORMANDIE, ses ducs, ses héros, ses grands hommes; influence des Normands sur la civilisation, la littérature, les sciences et les arts; productions du sol et de l'industrie; commerce, caractère et mœurs des habitans depuis le neuvième siècle jusqu'à nos jours; par M. Marie du Mesnil. Paris, 1825, 1 vol. in-8o. Prix. 6—50.

LE CUISINIER ÉCONOME, ou Élémens nouveaux de cuisine, de Pâtisserie et l'Office : 1o. Des notices sur les diverses espèces d'alimens, et des moyens de reconnaître les meilleures qualités des denrées; 2o. des procédés de cuisine beaucoup plus simples et moins dispendieux; des méthodes pour préparer et conserver les fruits et les légumes. Ouvrage indispensable aux maisons somptueuses comme aux tables les plus simples, à la ville et à la campagne; par ARCHAMBAULT; 3e. édition, revue, corrigée, et ornée de cinq planches pour l'ordre du service des tables; suivie d'une Notice sur les vins, par M. JULLIEN, auteur de la *Topographie des Vignobles* et du *Manuel du Sommellier*. Paris, 1825. 1 vol. in-8o. Prix. 5 — 0.

BIBLIOMAPPE, ou LIVRE-CARTES; leçons méthodiques de chronologie et de géographie redigées par MM. Daunou, Eyriès, et autres savans géographes.

Cet ouvrage se divise par degrés d'enseignement; il paraît par cahier in-8o., carré, orné de 10 à 12 cartes enluminées.

Ier. Cahier. 1er. degré d'enseignement. 5

Ier. Cahier. 2e. degré d'enseignement. 5

LA CORRESPONDANCE DES NÉGOCIANS, ou Recueil de lettres sur le commerce, originales ou extraites des meilleures épistolaires nationaux ou étrangers; précédé d'un Vocabulaire mercantile; suivi d'une série de lettres sur le change, et de modèles en usage dans les transactions commerciales; à l'usage des jeunes gens qui se destinent au commerce; par M. L. Mozin. *Seconde édition*, revue, corrigée, augmentée et mise en harmonie avec le Code de commerce. 1 vol. in-8o. Prix. 6—0.

DU COMMERCE EXTÉRIEUR ET DE LA QUESTION D'UN ENTREPÔT A PARIS; par M. D. L. Rodet. Paris, 1825. 1 vol. in-8o. Prix. . . . . 3—0

ANALYSE RAISONNÉE DU CODE DE COMMERCE. Cet ouvrage contient : 1o. L'explication de la loi par ses motifs; 2o. sa mise en action par la jurisprudence et le rapprochement de toutes les lois et ordonnances; 3o. l'examen de questions neuves et importantes; 4o. la discussion de principes du domaine de l'économie politique, etc., etc.; par M. Mongalvy; et M. Germain, avocats. Paris, 1824. 2 vol. in-4o. . . . . 25—0

APPLICATION DE L'ARITHMÉTIQUE AU COMMERCE ET A LA BANQUE. Ouvrage élémentaire, théorique et pratique; terminé par un Traité de négociations de banque, dont aucun auteur n'a pas parlé jusqu'à ce jour. accompagné de Tables de rectifications pour les principales places de l'Europe; par J. B. Juvigny. Nouvelle édition. Paris, 1824. 2 vol. in-8o. 8—0;

PETIT TRAITÉ THÉORIQUE ET PRATIQUE SUR LES MONNAIES ET SUR LES CALCULS RELATIFS; suivi d'un Tableau indiquant le titre, le poids et les valeurs des principales monnaies d'or et d'argent qui ont cours dans tous les pays; par J. B. Juvigny. Seconde édition, revue et augmentée. Paris, 1824. 1 vol. in-8°. Prix . . . . 0—50.

ÉLÉMENS MÉTHODIQUES DE GÉOGRAPHIE, disposés d'après un ordre nouveau, par J. Ch. Bailleul, ancien député. Seconde édition. 1 vol. in-12. Prix . . . . 2—50

LEÇONS IDÉOLOGIQUES, pour apprendre à la jeunesse à contracter des habitudes sociales et des habitudes morales; par M. Brun. Paris, 1822. 1 vol. in-12. Prix. . . . . 2—0.

MANUEL MONÉTAIRE ET D'ORFÉVRERIE, ou Nouveau Traité des Monnaies et des calculs relatifs aux différentes valeurs des espèces, vaisselles et matières d'or et d'argent de France et étrangères, selon l'ancien et le nouveau système; ouvrage utile aux fonctionnaires des Monnaies, du Trésor public et des bureaux de garantie, aux changeurs, orfèvres, banquiers, et généralement à toutes les personnes qui font le commerce des métaux précieux et qui les travaillent; par Auguste Bonnet, caissier de la Monnaie de Rouen. 1 vol. in-4°. Prix . . . . 12—0.

L'ART DU FILATEUR DE COTON, par F. VAUTIER, filateur. Ouvrage dans lequel on a exposé tout ce qui est relatif à cet art. 1 vol. in-8°. avec 10 planches. Prix. . . . . 15—0.

RÉPERTOIRE A L'USAGE DES NÉGOCIANS, ou Traité des principales opérations de la Banque; par A. Minon. 2e. édition, revue, corrigée et augmentée. 1 vol. in-12. Prix. 2—0.

MANUEL DES DOUANES DE FRANCE, par Marie du Mesnil. 1 vol. in-8o. . . . . 6—0.

COUP-D'OEUIL SUR LES ASSURANCES SUR LA VIE DES HOMMES; suivi de la comparaison des deux modes d'assurances mutuelles et à primes contre l'incendie; 4e. édition, par J. B. Juvigny. 1 vol. in-8o. Prix. . . . . 3—50.

RÉPUBLIQUE D'HAITI. Loi qui règle les droits des douanes sur le commerce extérieur, broch. in-8°. Prix. . . . . 2—0.

COLLECTION GÉNÉRALE DES TABLEAUX DE DÉPRÉCIATION DU PAPIER-MONNAIE, publiés dans chaque département, en exécution de la loi du 5 messidor an 5. Paris, 1825. 1 vol. in-18. Prix . . . . 3—50.

COURS ÉLÉMENTAIRE DE TEINTURE *sur laine, soie, lin, chanvre de coton, et sur l'Art d'imprimer les toiles*; par J. B. Titalis. Paris, 1823. 1 vol. in-8°. Prix. . . . . 7—0

DICTIONNAIRE UNIVERSEL DES COMPTES COURANS D'INTÉRÊTS, à l'usage de la banque, du commerce et des administrations; par Claude Lorrain. Paris, 1823. in-4°. Prix . . . . 12—0.

Sous presse. — THÉORIE DES COMPTES COURANS AVEC INTÉRÊTS, précédée de quelques principes des proportions et des conjointes; du calcul des intérêts, des escomptes, et des échéances communes; et suivie de quelques cas extraordinaires concernant les réglemens des comptes, et les comptes en participation; par Hébler, de Berne, ancien professeur à l'école spéciale de commerce. Paris; in-4o. avec un grand tableau lythographié. Prix. 6—0.

LE CAMBISTE UNIVERSEL, ou Traité complet des changes, monnaies, poids et mesures, de toutes les nations commerçantes et de leurs colonies; avec un exposé de leurs banques, fonds publics et papiers-monnaies, rédigé par ordre et aux frais du gouvernement anglais, par Kelly, etc.; traduit et calculé aux unités françaises sur la seconde édition, augmenté de tableaux des monnaies d'or et d'argent, d'un aperçu sur la lettre-de-change et les opérations de la Bourse. Paris, 1823. 2 vol. in-4°. cartonnés. Prix. . . . . 42—0

ERRATA.

Page 5, ligne 7, au lieu de Yndoux, *lisez :* Hindoux.
Page 21, ligne 22, qui le craignaient, *lisez :* qu'il craignait.
Page 22, ligne 16, occupé, *lisez :* occupée.
Page 22, ligne 22, au lieu de le plaçât, *lisez :* le plaça.
Page 33, ligne 3, au lieu de d'Odan, *lisez :* Dodun.
Page 33, de l'amour du bien public, *lisez :* l'amour, etc.
Page 34, ligne 25, au lieu de d'état, *lisez :* d'états.
Page 45, ligne 20, au lieu de impossible, *lisez :* impossibles.
Page 51, ligne 25, de grains, *lisez :* des grains.
Page 55, ligne 25, au lieu de saura les, *lisez :* saura le.
Page 65, ligne 14, au lieu de dispensé, *lisez :* dispensée.
Page 81, ligne 2, au lieu de vice, *lisez :* vues.
Page 86, ligne 14, intact, *lisez :* intérieur.
Page 94, ligne 12, au lieu de les Romains, *lisez :* les Rouennais.
Page 96, ligne 7, au lieu de mais croyons, *lisez :* nous croyons.
Page 96, ligne 10, au lieu des domiciles, *lisez :* du domicile.
Page 96, ligne 15, de cotons ou laine, *lisez :* cotons en laine.

www.ingramcontent.com/pod-product-compliance
Ingram Content Group UK Ltd.
Pitfield, Milton Keynes, MK11 3LW, UK
UKHW031852260826
14628UKWH00002B/726

9 782014 096606